社会风俗系列

宗族史话

A Brief History of Patriarchal Clan in China

冯尔康　阎爱民 / 著

社会科学文献出版社
SOCIAL SCIENCES ACADEMIC PRESS (CHINA)

图书在版编目（CIP）数据

宗族史话/冯尔康，阎爱民著.—北京：社会科学文献出版社，2012.5
（中国史话）
ISBN 978-7-5097-2696-9

Ⅰ.①宗… Ⅱ.①冯… ②阎… Ⅲ.①宗族-史料-中国 Ⅳ.①K820.9

中国版本图书馆 CIP 数据核字（2011）第 185647 号

"十二五"国家重点出版规划项目

中国史话·社会风俗系列

宗族史话

著　　者 / 冯尔康　阎爱民

出 版 人 / 谢寿光
出 版 者 / 社会科学文献出版社
地　　址 / 北京市西城区北三环中路甲 29 号院 3 号楼华龙大厦
邮政编码 / 100029

责任部门 / 人文分社 （010）59367215
电子信箱 / renwen@ssap.cn
责任编辑 / 范　迎
责任校对 / 高建春
责任印制 / 岳　阳
总 经 销 / 社会科学文献出版社发行部
　　　　　（010）59367081　59367089
读者服务 / 读者服务中心（010）59367028

印　　装 / 北京画中画印刷有限公司
开　　本 / 889mm×1194mm　1/32　印张 / 5.375
版　　次 / 2012 年 5 月第 1 版　　字数 / 104 千字
印　　次 / 2012 年 5 月第 1 次印刷
书　　号 / ISBN 978-7-5097-2696-9
定　　价 / 15.00 元

本书如有破损、缺页、装订错误，请与本社读者服务中心联系更换
△ 版权所有 翻印必究

《中国史话》编辑委员会

主　　任　陈奎元

副 主 任　武　寅

委　　员　（以姓氏笔画为序）

　　　　　　卜宪群　王　巍　刘庆柱
　　　　　　步　平　张顺洪　张海鹏
　　　　　　陈祖武　陈高华　林甘泉
　　　　　　耿云志　廖学盛

总　序

　　中国是一个有着悠久文化历史的古老国度，从传说中的三皇五帝到中华人民共和国的建立，生活在这片土地上的人们从来都没有停止过探寻、创造的脚步。长沙马王堆出土的轻若烟雾、薄如蝉翼的素纱衣向世人昭示着古人在丝绸纺织、制作方面所达到的高度；敦煌莫高窟近五百个洞窟中的两千多尊彩塑雕像和大量的彩绘壁画又向世人显示了古人在雕塑和绘画方面所取得的成绩；还有青铜器、唐三彩、园林建筑、宫殿建筑，以及书法、诗歌、茶道、中医等物质与非物质文化遗产，它们无不向世人展示了中华五千年文化的灿烂与辉煌，展示了中国这一古老国度的魅力与绚烂。这是一份宝贵的遗产，值得我们每一位炎黄子孙珍视。

　　历史不会永远眷顾任何一个民族或一个国家，当世界进入近代之时，曾经一千多年雄踞世界发展高峰的古老中国，从巅峰跌落。1840年鸦片战争的炮声打破了清帝国"天朝上国"的迷梦，从此中国沦为被列强宰割的羔羊。一个个不平等条约的签订，不仅使中国大量的白银外流，更使中国的领土一步步被列强侵占，国库亏空，民不聊生。东方古国曾经拥有的辉煌，也随着西方列强坚船利炮的轰击而烟消云散，中国一步步堕入了半殖民地的深渊。不甘屈服的中国人民也由此开始了救国救民、富国图强的抗争之路。从洋务运动到维新变法，从太平天国到辛亥革命，从五四运动到中国共产党领导的新民主主义革命，中国人民屡败屡战，终于认识到了"只有社会主义才能救中国，只有社会主义才能发展中国"这一道理。中国共产党领导中国人民推倒三座大山，建立了新中国，从此饱受屈辱与蹂躏的中国人民站起来了。古老的中国焕发出新的生机与活力，摆脱了任人宰割与欺侮的历史，屹立于世界民族之林。每一位中华儿女应当了解中华民族数千年的文明史，也应当牢记鸦片战争以来一百多年民族屈辱的历史。

当我们步入全球化大潮的21世纪，信息技术革命迅猛发展，地区之间的交流壁垒被互联网之类的新兴交流工具所打破，世界的多元性展示在世人面前。世界上任何一个区域都不可避免地存在着两种以上文化的交汇与碰撞，但不可否认的是，近些年来，随着市场经济的大潮，西方文化扑面而来，有些人唯西方为时尚，把民族的传统丢在一边。大批年轻人甚至比西方人还热衷于圣诞节、情人节与洋快餐，对我国各民族的重大节日以及中国历史的基本知识却茫然无知，这是中华民族实现复兴大业中的重大忧患。

中国之所以为中国，中华民族之所以历数千年而不分离，根基就在于五千年来一脉相传的中华文明。如果丢弃了千百年来一脉相承的文化，任凭外来文化随意浸染，很难设想13亿中国人到哪里去寻找民族向心力和凝聚力。在推进社会主义现代化、实现民族复兴的伟大事业中，大力弘扬优秀的中华民族文化和民族精神，弘扬中华文化的爱国主义传统和民族自尊意识，在建设中国特色社会主义的进程中，构建具有中国特色的文化价值体系，光大中华民族的优秀传统文化是一件任重而道远的事业。

当前，我国进入了经济体制深刻变革、社会结构深刻变动、利益格局深刻调整、思想观念深刻变化的新的历史时期。面对新的历史任务和来自各方的新挑战，全党和全国人民都需要学习和把握社会主义核心价值体系，进一步形成全社会共同的理想信念和道德规范，打牢全党全国各族人民团结奋斗的思想道德基础，形成全民族奋发向上的精神力量，这是我们建设社会主义和谐社会的思想保证。中国社会科学院作为国家社会科学研究的机构，有责任为此作出贡献。我们在编写出版《中华文明史话》与《百年中国史话》的基础上，组织院内外各研究领域的专家，融合近年来的最新研究，编辑出版大型历史知识系列丛书——《中国史话》，其目的就在于为广大人民群众尤其是青少年提供一套较为完整、准确地介绍中国历史和传统文化的普及类系列丛书，从而使生活在信息时代的人们尤其是青少年能够了解自己祖先的历史，在东西南北文化的交流中由知己到知彼，善于取人之长补己之短，在中国与世界各国愈来愈深的文化交融中，保持自己的本色与特色，将中华民族自强不息、厚德载物的精神永远发扬下去。

《中国史话》系列丛书首批计200种，每种10万字左右，主要从政治、经济、文化、军事、哲学、艺术、科技、饮食、服饰、交通、建筑等各个方面介绍了从古至今数千年来中华文明发展和变迁的历史。这些历史不仅展现了中华五千年文化的辉煌，展现了先民的智慧与创造精神，而且展现了中国人民的不屈与抗争精神。我们衷心地希望这套普及历史知识的丛书对广大人民群众进一步了解中华民族的优秀文化传统，增强民族自尊心和自豪感发挥应有的作用，鼓舞广大人民群众特别是新一代的劳动者和建设者在建设中国特色社会主义的道路上不断阔步前进，为我们祖国美好的未来贡献更大的力量。

陈奎元

2011年4月

⊙冯尔康

作者小传

冯尔康，1934年出生于江苏仪征，南开大学历史学院退休教授。著有《雍正传》《清史史料学》《中国古代的宗族与祠堂》《清代人物传记史料研究》《中国社会史概论》《18世纪以来中国家族的现代转向》《雍正帝》等书。

⊙阎爱民

作者小传

阎爱民，山东东阿人，1956年出生于天津，历史学博士，现为南开大学历史学院教授。从事中国古代史以及古代婚姻、家族史等方面的教学和研究，著有《中国古代家教》《汉晋家族研究》《中国宗族》（合著）等书。

目 录

一 宗族演变的历程 …………………………… 1

二 祖先崇拜与宗族的祭祖 …………………… 5
  1. "一本"的祖先崇拜观念 ………………… 5
  2. 从皇家太庙到百姓祠堂 ………………… 10
  3. 祠堂祭礼 ………………………………… 21

三 宗族的形态与结构 ………………………… 36
  1. 宗族的类型 ……………………………… 36
  2. 宗族的结构 ……………………………… 69
  3. 五服、九族与宗亲法 …………………… 76

四 宗族教化与族人生活 ……………………… 87
  1. 孝悌精神与宗法伦理 …………………… 87
  2. 族产与睦族 ……………………………… 95
  3. 族学与宗族教育 ………………………… 101

  4. 戒规与家法种种 …………………………… 105
  5. 作为模范宗族的义门 ……………………… 108
  6. 宗族与族人婚姻 …………………………… 112

五　宗族与地方社会 ………………………… 122
  1. 宗族组织与基层政权 ……………………… 122
  2. 宗族与外神信仰 …………………………… 126
  3. 强宗豪族代表地方势力 …………………… 129
  4. 宗族与地方社会问题 ……………………… 132
  5. 移民与宗族 ………………………………… 135

六　宗族文化的特点 ………………………… 143

参考书目 ……………………………………… 148

一 宗族演变的历程

宗族是一个古老的社会组织，至今在我国大陆和台湾、香港地区，以及世界各国华人社区，也还有它的踪影和异化形态的宗亲会。它为什么能够如此绵延不绝？今天的宗族与古代的宗族相同吗？它有什么特色？怎样才能认识它？我们想透过大量历史上的宗族活动现象，把握住它的要点，对于认识这些问题，也许会有一些帮助。就我们现在的认识水平，归纳我国宗族大致有如下五个特点，即：传世久远、形态多变、成员日众、功能转换、影响深远。

所谓宗族，按照我们的理解，是由有父系血缘关系的各个家庭，在宗法观念的规范下组成的社会群体。它的正式出现，应当不晚于殷商时代。人类社会最早产生的社会组织是原始群、氏族公社，它们都是血缘群体，但不是宗族，或者可以视为宗族的萌芽状态。大约经历了几千年的孕育，宗族制在殷商时代诞生，到了周代，它的组织制度更臻完善。此后几度出现危机，磕磕碰碰地延续下来，迄今至少已有三千多年的历史，可以说与中国有文字记载的历史并存。作为社会群体，中国历史上还没有一个社会组织能有宗族这样长久。应当说，我国宗族是最古老而又绵延久远的社会组织。

　　三千多年的宗族历史，其自身在不断地演化，呈现出不同的形态。大致说来经历了五个阶段的变异。首先是周朝的宗子宗族制时代，那时宗法制与分封制相结合，天子既是国家首脑又是宗族领袖——宗子，使宗统与君统合一。在王族之外，从诸侯到卿、大夫、士各级贵族有其各自的宗族。个别的平民家族也有宗族组织，但在社会上没有地位，因而我们认为先秦时期是纯粹贵族宗族制时代。战国社会大变革破坏了大宗法制，宗族遭到一次毁灭性打击，后经两汉时期的恢复，到魏晋南北朝隋唐时代形成士族宗族制。士族以家族为单位，拥有用荫权和免役权，并有政府的九品中正制与定姓族制度的保障。士族宗族有接近于世袭贵族的某些特权，是特权宗族的一种形态。这时豪强宗族亦有较大发展，但它们仅有地方的社会势力，而无政治权力，所以士族宗族成了中古宗族制的代表。唐代社会经济形态的变革，使士族制在历史上消失，宗族再一次沉沦。到宋元时，随着科举官僚制的发展，官僚建立起自身的宗族，并以建设义庄、祀田、族学来巩固宗族组织，成为同时并存的各种类型宗族的代表。但官僚只有本身及家庭的特权，其宗族则无法定特权。尽管这时的皇族、贵族宗族仍然存在，但宗族既以官僚宗族为主体，这个时期的宗族从总体上说已进入无特权时代。明清时期官僚制继续发展，绅衿阶层扩大,他们的特权进一步缩小,乃至清代衿士仅有本身的免役权,从法律上说连家庭都不能沾光了。他们为弥补丧失的特权,谋求社会权益,在地方上举办公益事业,而更重要的是组织宗族,因而使宗族在民间得到较大的发展。与此同时,平民也掌握了一些宗族。进入近代以后,特别是清朝灭亡后,等级制消失,宗族也随之进入平民制时代。到20世纪后半叶,我国台湾、香港地区以及海外华人社会的宗族演化成宗亲会。它在组织原则上同传统的宗族产生巨大的差异,不再强调家族血缘关系而以同姓为结合对象,不像过去以家庭为单位而是以个人身份自愿入会,它放弃传统的族长制管理原则而实行会员大会制和理事会、监事会制,这不仅使宗族真正成为近代民间团体,而且也使它朝着脱离血缘群体的方向演变,很可能会成为类似俱乐部的一种形式。今天我国内地的宗族多数仍与传统形态较接近,个别宗族也称作宗亲会,但还不是俱乐部式的。总之,中国宗族在不停地变化之中,经过了如下的历程:先秦的宗子贵族宗族制——中古的士族宗族制——宋元的官僚宗族制——明清的绅衿宗族制——近代以来的平民宗族制和宗亲会制。

这种演变过程,使我们认识到中国的宗族,从性质上讲,经历了民间化历程,即逐渐由贵族组织变化为民间组织,平民性日趋增强;在成员上,逐步实现民众化、大众化,就是由社会上少数人参加变为多数人参与,其群众面之广泛,大约只有历史上时断时续的四邻结社能与它相类似;在功能上,从以政治功能为主转换到以社会功能为主,宗族在贵族制、士族制时代是政权的重要帮手,对政治生活影响比较大,宗族与特权分离以后,虽然在政治上仍然维护政权,但它以兴办宗族义庄、族学、祀田等多种形式,倡导宗族互助、赈贫恤老,增强了其社会功能,到了平民及宗亲会时代,更是以发挥社会功能、文化功能为活动主旨。宗族的这些变化,说明中国的宗族有应变力,它能够根据社会的变革,调整自身的组织原则、内部结构、活动方式和社会角色,以适应环境的变化,并得以继续存在,其韧性和适应性,使它能够几千年维持下来。

对于中国宗族历史的认识,我们想本着它古老而多变的基本特性,相应地采用变化的、发展的观点去分析它、说明它,为此我们将考察它的形态、内部结构、成员身份和社会功能的演变以及丰富多彩的宗族活动,希望在这本小书里能概括地展现出宗族有丰富内涵的和历史的某些侧面。

二 祖先崇拜与宗族的祭祖

"一本"的祖先崇拜观念

宗族是中国古代社会群体中最常见的组织，而将族人凝聚在一起的精神感召力，则是祖先崇拜的观念。人类社会初期，就产生了自然崇拜、人造物崇拜、动物图腾崇拜、英雄崇拜、祖先崇拜等，在这些崇拜中，人们对祖先的崇拜最虔诚、最经久，祖先崇拜也常同其他崇拜结合在一起。关于祖先的传说，常常有神异的光环，人们像崇拜神灵一样来崇拜自己的祖先。

关于商族的起源，《诗经·商颂》记载了商人先祖许多动人的故事，带有神话传说与英雄史诗的色彩。商族男性始祖契的降生，就是非同寻常的。一天，商的始祖母简狄吞下了一颗玄鸟降下的大卵，受孕生下了契，商人认为他们的男性始祖契的降生是人和动物神结合的结果，是上天的安排，所以《诗经·商颂·玄鸟》篇说："天命玄鸟，降而生商，宅殷土芒芒。"赞叹祖先降临在广袤的大地上。周朝始祖弃的降生也有类似的经历，弃的母亲姜嫄是在野外踩了巨人的足迹后而怀孕生子的（《诗经·大雅·生民》）。这种将对祖先的崇拜与对自然、图腾的崇拜结合在一起的传说在后来的王朝中也常能见到，如《史记·高祖本纪》记载，汉高祖刘邦是其母遇蛟龙而诞生；《明史·太祖本纪》说，明太祖朱元璋的母亲怀孕时梦中接受了神的药丸，分娩时"红光满室"等。

不仅在王族、皇族中，在民间编纂的族谱上，我们也常能见到有关宗族祖先的神异传说。清代学者钱大昕主张修谱要信实，批评那些牵强附会、诈冒伪舛的风气，不过他在给巨野姚氏族谱所作的谱序中，也叙述了关于姚氏祖先神奇的祥瑞传说。姚氏先人自金朝末年迁至宋鲁之间的巨野，死后立墓于此。钱氏谱序说："宋鲁之间，人家多树白杨于墓，率五六十岁而枯，独姚氏祖墓白杨根柯坚砢若蛟虬，若铁石，皆五六百年物，识者以为世德之祥。自明迄今，科第簪缨，相承不绝"（《潜研堂文集·巨野姚氏族谱序》）。人们认为姚氏宗族从明至清，考中功名与做官者相承不断，都是因祖坟中的神灵保佑所致。

对祖先的崇拜是同人类的生存以及自身崇拜结合在一起的，人口的再生产在生产力十分低下的古代社会是非常重要的生产发展因素。古人认为，人的自身及所有的一切，都衍自祖先一人之身，就如上天造成了万物一样，没有祖先最初的繁衍生息，就不会有眼前的儿孙满堂；没有祖先当年的开辟基业，也就没有现在子孙的安享福利。生命、生活都是祖先给的。《礼记》上说"万物本乎天，人本乎祖"，就是这个道理。

二 祖先崇拜与宗族的祭祖

人们常说不能"忘本",其实早先这个"本"是指祖先之本。"数典忘祖"的成语,常用来讥讽那些忘了自己祖宗的人。人们有一种根深蒂固的返本求源的心理。明代大官僚霍韬在其手订的《家训》中就强调说:"凡我孙子暨我妇女,仰我考祖如木同根,如水同源。"告诫子孙不能忘记家族的本源。江苏宜兴筱里任氏宗族的祠堂名叫"一本堂",祠堂题楹写着"德厚乾坤惟一本",他们都在提醒族人今天的一切都是来自祖先一本之身,应该时时敬仰不忘。崇拜"一本",是把宗族比成大树,祖宗就是根,有根则有树干,有树干则有分支,有分支则有枝叶,一棵大树的枝繁叶茂离不开它的根深本固,一个宗族的兴旺发达,离不开它的祖先。这种返本求源崇尚祖先的心理,在西方人中也同样存在。英语中"家谱"一词是 family tree,字面直译则是"家族之树"。西方前些年兴起的寻根热,即寻查祖先的事迹,也是将祖先比成了家族的"根"(roots)。

古人还认为死人的灵魂不灭,祖先的神灵可以保佑他的子孙,令子孙得福、后代繁衍茂盛,所以子孙对祖先神灵必须崇敬至诚,否则就会失去祖先的保佑,祖先甚至会降下灾难,后代可能就要遭殃了。《史记·周本纪》记载周武王盟津观兵,"为文王木主,载以车,中军。武王自称太子发,言奉文王以伐,不敢自专"。负载文王神主征伐,表示武王不敢忘记祖先和企求先人神灵保佑的意思。出于同样的观念,后来武王牧野誓师,声讨殷纣王的罪行,其中重要的一条是说他"自弃其先祖肆祀不答,昏弃其家国"。说纣王轻蔑地抛弃了对祖先的祭祀，对祭祀的礼节不闻不问，自然殷族的祖先也就不会庇护他了；而自己有祖先的保佑，伐殷的战争一定会胜利。北宋由宋太祖建国，而后由他弟弟太宗一支继承了帝位。北宋灭亡，宋高宗南渡后，儿子元懿太子夭折，自己又不能再生育，皇位继承无人。上虞县丞娄寅虎上书说，宋朝所以遭金朝的祸害，是因为宋太祖不能在太庙中得到他的直系子孙的祭祀，心里不高兴，所以不再保佑皇家，才打不过金人。因此娄寅虎建议应从宋太祖的后裔中选择有贤德的人做太子，来告慰太祖在天之灵（《宋史纪事本末·孝宗之立》）。宋高宗看后很感动，决计从太祖一支后裔中选择继承人，于是择定太祖之子、秦王赵德芳的六世孙赵伯琮为继嗣，后来伯琮继位，是为孝宗皇帝，此后南宋帝位转归太祖一支继承。两宋共18帝，帝系在太祖、太宗兄弟二支房派中变动，除太祖外，北宋太宗一支共8帝，南宋除高宗以外，太祖一支亦8帝，平分江山300余年。在这种富于戏剧性的历史安排中，祖先崇拜观念起了重要作用。

祖先神既能保护或惩罚后代，后代也就须对祖先表示敬畏崇拜，其形式便是祭祀。明代有人生前曾在自己的墓碑预先刻上"子孙贤，思量上坟；子孙不贤，思量坟上"的碑文（丁元荐：《西山日记·格言》），儆戒后世子孙不能忘记上坟祭祖敬祖之礼，否则就该思量坟中神灵会降下惩罚，不再保佑他们。

祭祀之礼来自孝的观念。在周代，对人们社会生活作出规范的礼制业已完善，而孝则在礼制中处于首位。所谓孝,有三方面的内容,就是对父母生时的敬养、死后的安葬以及葬毕的庄严祭祀,中心还是祭奉祖先神灵,延续祖宗"一本"下来的香火。春秋时楚国鄖公辛说:"灭宗废祀,非孝也"(《左传》定公四年)。在祭祀时,要通过文字或语言表示心愿,或歌颂祖先功德,或报告事项,请求祖宗降恩、指示。我国最早的诗歌总集——《诗经》,分风、雅、颂三类,颂诗又包括《周颂》、《鲁颂》和《商颂》三部分,这些颂诗便是周王室、鲁国和宋国(宋国由商朝遗民组成)歌颂祖先功德的宗庙祭祀之歌。除了以语言颂扬祖先外,还要在庙祠奉上丰盛的祭品。古人认为,事死如事生。祭祀时,要如祖先生时那样对待,毕恭毕敬。对于颂歌和祭品,祖先神是会很高兴地享用的。

对祖先的崇拜与祭祀只是宗族成员内部的事情,具有明显的排他性,祖先神只能享受自己后代的祭祀,而子孙后代只有祭祀自己的祖先才能祈福,否则,祭祀者无从求福,受祭者无从享受。春秋时,晋惠公太子申生在宫廷内争中被冤致死,一次,大夫狐突梦见申生的亡灵准备将晋国送给秦国,认为秦人将会祭祀自己。狐突劝阻道:"神不歆非类,民不祀非族。君祀无乃殄乎!"(《左传》僖公十年)意思是说,神灵不能享受非族类的祭品,人们也不祭祀其他族类的神灵,如果您非要这样做的话,供奉您的祭祀香火恐怕要断绝了!姒姓的鄫国国君没有儿子,立外甥嬴姓的莒国公子为后嗣。孔子在《春秋》中写道:"莒人灭鄫。"《榖梁传》对此句注解说:"非立异姓以莅祭祀,灭亡之道也。"说孔子是在讥讽郯君以异姓为后嗣来奉祖宗祭祀,致使宗族香火断绝,而其自身还不知晓。在中国宗族发展史中,越往前,血缘的排他性越强。

2 从皇家太庙到百姓祠堂

祖先崇拜是族人对祖先的认同,形成坚强的凝聚力。在祖先祭祀的旗帜下,族人走到了一起,祭祖是族人最重要的活动。祭祖的地方周代称宗庙,或者家庙。"宗",《说文解字》解作"尊祖庙也";"庙"解作"尊先祖貌也"。简单地说,宗庙就是族人尊奉供有祖先形貌的房子,是祖先神灵存在的物质场所。祭祀的供品,有牛、羊、猪、小猪(豚)、鱼、酒和谷物,宗族用祭祀表达请求祖先神灵庇佑、降福、禳灾的愿望,事关重大。古人说:"国之大事,在祀与戎"(《左传》成公十三年)。说的是宗庙祭祀与用兵打仗一样,是关系到国家、宗族的要事。不论在殷周时代,还是明清时期,不论是帝王家族,还是寻常百姓之家,祠庙祭祖都是一件非常重要的事情。

皇家宗庙也称太庙或九庙。去过北京天安门广场的人都知道,天安门的东侧是劳动人民文化宫,在明清两代,它是皇家太庙,是皇帝供奉祖先牌位的宗庙,是王朝存在的标志。我们常说中国古代封建王朝是家族王朝,有了家族政权,也就有太庙,能供奉祖宗,绵延香火。新君继位常称"奉承宗庙",说他继续了太庙中的香火祭祀。老皇帝死了,新皇帝要给他送上一个庙号,然后将他的灵牌送到太庙里供奉。如朱元璋死后,庙号被尊为太祖,所以后人又称他为明太祖;唐朝第二个皇帝李世民死后,他的庙号为太宗。一般说,开国创业之君庙号多称"祖",而后继者则多称"宗"。一个家族政权丧失时,王朝的末代皇帝常会痛责自己造成"宗庙不能血食"的罪过!也就是不能再到太庙祭祖,祖先神灵再也不能享受子孙的香火和祭品供奉,祖宗牌位要被新王朝的神主所取代。所以,明朝亡国之君崇祯皇帝在吊死煤山前悔恨不已:"朕死无面目见祖宗,自去冠冕,以发覆面"(《明史·庄烈帝本纪》)。在别人来看,亦是如此。秦王朝被陈胜发动的农民战争所推翻,贾谊在《过秦论》中说"一夫作难而七庙隳"。便是以宗庙的毁灭来表示秦王朝的灭亡。太庙供奉着皇家的祖先,因此国家凡是有大事出现,都要到太庙举行祭祀典礼,宣读祝文,报告所祭事项,这叫"告庙",表示天子行孝。新皇帝登基,册立或废黜皇后、皇太子,宣布大的战争进行或结束,出师和凯旋,都要举行隆重的告庙仪式。

在祭祀规则上,天子最初设七庙,祭祀天子之父(也称祢或考)、祖、曾祖、高祖,这称为四亲,是世系最近的四位祖先;此外再上排两位祖先,最后再加上一位宗族的始祖。天子七庙,也就是这七位祖先的享堂。宗庙中神主的置放,以始祖的灵牌为正中,其左侧为第二代,右侧为第三代,第四代置于第二代一边,第五代又回到第三代一侧,以下代数的安置以此原则类推。在左侧的称作"昭",右侧的称作

明清两朝皇帝供奉祖先的太庙（今劳动人民文化宫）

"穆"，这样的放置原则也称为昭穆制度（《礼记·祭法》）。而当祭祀时，子孙也分昭穆排列，父昭子穆，也是昭居左而穆居右。在这七庙中，太祖之庙的神主总是不动的，因为他是本族得以发达的鼻祖，以下的祖先则实行"易一世一迁"的办法，以保证祭祀血缘最近的祖先。如在位天子死后，第二世祖先神主就从昭庙中迁出，放入太祖庙左侧的夹室中，第四世神主则迁到原二世神主的庙中，第六世则迁入原四世庙中，新崩之君神主就入原六世神主庙中。若下任天子再死则迁穆庙，第三世神主入太祖庙右侧夹室，下面第五世和第七世按左昭庙迁易办法类推。当然，在实际施行上具体做法会有些差异，周王朝七庙，以后稷之神主置太祖庙，以文王、武王置最近昭穆庙，因为他们的功劳大,这三庙都不迁易,迁易的四亲庙,也就是过了高祖以后就不再立庙,统统迁入夹室。天子七庙制度,到新朝王莽时增加为九庙,其中祖庙五、亲庙四,以后历代王朝皆立九庙,所以太庙又称为九庙,如下图所示:

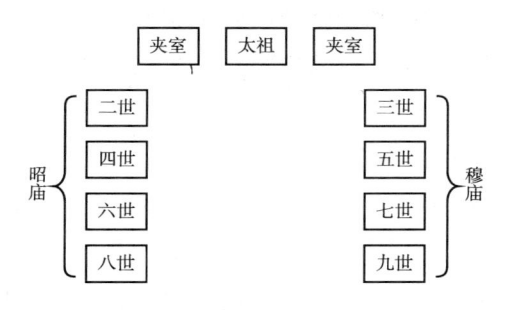

```
            夹室   太祖   夹室

         ┌ 二世         三世 ┐
         │ 四世         五世 │
      昭庙│                  │穆庙
         │ 六世         七世 │
         └ 八世         九世 ┘
```

九庙的神主迁易原则与七庙差不多,正殿只能排列九个木主,再有新的,就要去掉已有的木主。去哪一个呢?凡是庙号带有"祖"的,"宗"前带有"太"字的(如唐太宗)、"高"字的(如唐高宗)、"世"字的(如明世宗)神主一般不撤去,因为能有这样字样庙号的列祖列宗多有大功于王朝,而与新君已出五服关系的,即出了四亲以外(高祖以上)又不带上列文字庙号的神牌就要撤去,放到祧室(夹室)里收藏,只有到了每年的一定时节,才将木主请出一同祭祀。

在民间,官、民之家祠庙祭祀也是同样重要。与王朝的社稷坛、太庙祭祀一样,民间祭祀中最重要的也是祭社、灶与祭祖先神两项,至少要在堂屋里供奉"天地君亲师"的牌位,所祭神灵中少不了祖宗(亲)之位。《史记·礼书》说先祖是族类的根本,"无先祖恶出？"没有先祖我们从何而来？所以认为礼者，"上事天、下事地，尊先祖而隆君师"，甚至将先祖置于君之前。可见祖先神对一个家族来说是非常重要的。在有的少数民族家中，如壮族，供"天地亲师"牌位，没有君主，仍然有祖宗。没有祖宗，就等于说这家人来路不明，没有根基，在社会上很难立足。古代人们的信仰是多神的，万物有灵，但对祖先神的信仰和祭祀往往是其中不可缺少的一项。一些外来宗教传入中国，也很难改掉人们的祭祖习惯。佛教原是主张无父无母的，但佛教自汉末传入中国以来，善男信女一方面供奉着菩萨，另一方面也供奉着祖先。天主教是一神教，16世纪下半叶欧洲传教士利玛窦等人来华传教，为了吸引更多的人入教，不得不尊重华人传统，变通原来的传教方式，允许中国教民保持原有的祭祀祖先等习惯。到了清代康熙帝在位时期，罗马教皇格勒门德十一世下令禁止中国教徒祭祖、祭天。这种不切合中国实际的做法，引起了本来对天主教抱宽容态度的康熙皇帝的极大不满，转而下令禁止天主教在中国的传教。他对教皇使臣说："尔教王条约与中国道理大相悖戾，尔天主教在中国行不得，务必禁止"（《康熙与罗马使节关系文书影印本》第13《嘉乐来朝日记》）。

　　民间祭祖的场所一般是祠堂，官员之家也称家庙，但二者的区分有时并不很严格。祠本是对祖先的一种祭祀名称，春祭为祠，祠堂则是墓前祭祀所用的建筑。战国时，楚国曾出现过"公卿祠堂"（王逸《天问章句序》），民众墓祭也有所见。祠堂墓祭是从西汉时兴盛起来，像富平侯张安世、丞相张禹都在冢茔前修建祠堂。汉哀帝宠幸的董贤的祠堂建在哀帝的义陵旁，内有便房，外有徼道，四周垣墙数里，门楼城阙甚为壮观。刘秀起兵时，其姐夫邓晨率众响应，于是当地官吏"乃烧晨先祖祠堂，污池室宅，焚其冢墓"。宗族都抱怨邓晨说：家自富足，何故追随妇家而妄受牵连？（《东观汉记·邓晨列传》）东汉人王符总结祠堂流行情形说：京师贵戚，郡县豪家，"造起大冢，广种松柏，庐舍祠堂，崇侈上僭"（《潜夫论·浮侈篇》）。汉代人讲求厚葬，所以祠堂建筑也非常豪奢。

汉人的祠堂，常被用作聚集亲族友人的场所。汉成帝时，谏议大夫楼护奉命巡视地方，路过家乡齐地，顺便上先人墓祠祭祖，大会宗族故人，并送束帛给他们，一天就用去百金的费用。茂陵人原涉和故人约期在墓祠聚会，备下酒食，来参加聚会的人竟有数十乘车辆（《汉书·游侠传》）。建筑祠堂费财，又有聚众集会的嫌疑，有时会引起人们的不满和官府的警戒。汉宣帝外戚王林卿与豪杰交游，宾客众多，到长陵上冢，聚众宴客数日，喝得烂醉，长陵令怕他们生事，劝导他们尽早离去（《汉书·何并传》）。汉人很多有识者死前常留遗嘱给子孙不要厚葬，也表示了他们对祠堂建造与聚会豪奢的不满。到了晋朝，政府下令禁止建造祠堂，"诸葬者，皆不得立祠堂、石碑、石表、石兽"（《太平御览》卷五八九引《晋令》）。中古时期，民间虽然仍有墓祭祠堂的出现，但大体上说，部分贵族立有家庙，在那里举行祭祖仪式，而多数人则只是寝堂祭祖,祭于墓所的祠堂也就基本绝迹了。

北宋恢复品官家庙制,但建立家庙的一般只是大官僚,有品位的限制,家庙往往设在京城。人们感到祭祖不便或者不能满足自己的祭祖愿望,开始考虑一些变通的办法。宋初兖州奉符人石介,任从七品的节度掌书记的官职,按品官立家庙的制度,他还没有资格建家庙,而他又不是无官品的庶民,因而想在这两者之间找出一种适合自己身份的祭祖办法,于是在住宅的东北方位建堂三间,祭祀以往做过五品官以上的祖先,并以祖父母、父母陪祀。他将自己这个祭祖的地方称为"祭堂"(《徂徕石先生文集》卷一九《祭堂记》)。与石介几乎同时的曹州济阳人任中师,官至户部侍郎,在曹州府邸之侧建筑祭堂,三开间,隔为五室,并在周围建起房舍,加以雕刻。在大堂供奉着其父任载的灵位,东室为其母白氏的木主,西室是其兄任中正的牌位,每年四时祭祀。任氏这个祠堂不同于家庙,也不是墓祠,因建在住宅附近,称为"家祠堂"(穆修《穆参军集》卷下《任氏家祠堂记》)。从元代开始,在住宅内或其附近建造的祭祀群祖的祠堂多了起来。明朝中叶嘉靖时期礼制改革后,祠堂林立,出现了空前繁荣的景象。总的说来,祠堂始见于战国,两汉时期多是墓前建祠,魏晋至隋唐中绝,宋代出现了家祠堂,元代出现了祭祀群祖的祠堂,自明中叶以来大规模出现,时至今日或者还能见到。

在祠堂发展的历史中,有一种个人的纪念性的祠堂,不属家族性质,一般是纪念已故的名人的。如春秋时伍子胥被吴王夫差冤杀后,百姓可怜他,为其修建祠庙以示怀念,到唐朝时伍子胥祠仍存在(《史记·伍子胥列传》)。范仲淹的《范文正集》中有《桐庐郡严先生祠堂记》一文,所说的祠堂是后人纪念东汉著名的隐士严子陵的。另一类祠堂是为活着的人修建的,以颂扬其功德,称为"生祠"。狄仁杰是武则天时期的著名大臣,直言敢谏,多有政绩,名声也很好,他在地方为政宽善,做彭泽令时,邑人为他建立生祠颂扬,不久又做魏州刺史,"民爱仰之,复为之祠"。后来他的儿子狄景晖也到魏州做司马参军,却贪婪残暴,为民众所患,因而百姓气愤地将他父亲狄仁杰的生祠拆了,祠中供奉的画像也毁了(《新唐书·狄仁杰列传》)。明末天启年间,大宦官魏忠贤专断国政、权势熏天,一些阿谀奉承之徒"争颂德立祠,汹汹若不及"(《明史·宦官列传》)。这类颂扬功德的生祠,如果在祠主死后能继续保存下去,则转为纪念性的祠堂,如狄仁杰死了多年以后,魏州的官员又重新修葺了早年被毁之祠,祭祀不绝。这两类祠堂是官府、民间给名人或有权势的人修建的,也举行供奉的祭祀,但不是族人的祭祖,与宗族祠堂有着本质的差别,不能混淆在一起。我们主要讲宗族祭祖的祠堂。

宗族祠堂既是祭祖的神圣处所,必然会有相应的规范和要求,宗族也会尽自身的财力物力,盖造高大宽敞的宗族建筑群。从族谱中所描绘的祠宇图及现存的旧时祠堂遗迹中,可知多数祠堂是四合院形,内有大堂,另外还有一些房舍,围上院墙。也有的宗祠比较简陋，建于一个建筑物的中央，四隅为族人的住宅。比如湖南《平江叶氏族谱》所绘的叶氏宗祠图，其祠宇有正门及左右侧门，内有两进院落，后进大堂为祖先堂，其左侧为关帝庙，东厢房为大厅，西厢房有九间，分别为厅堂、铺房，左侧门内是宗族学校。

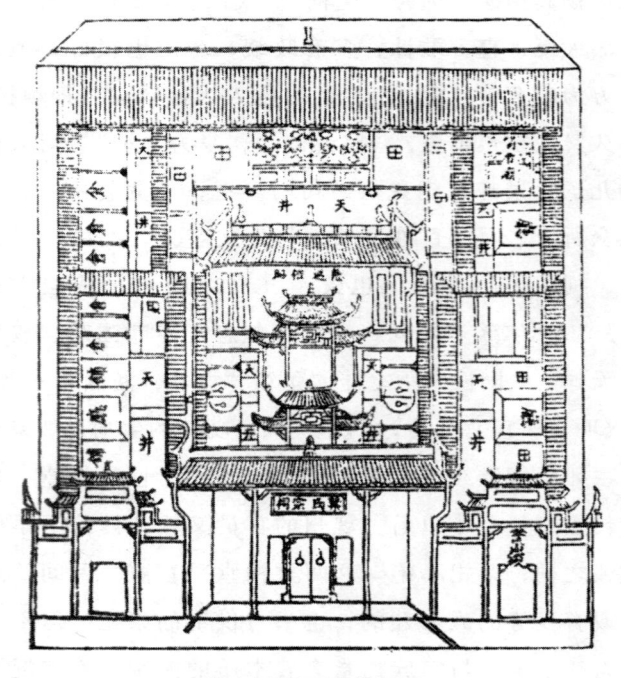

湖南平江叶氏宗祠图

上面我们描绘的是平民家的祠堂，下面再看看《红楼梦》第五十三回"宁国府除夕祭宗祠"中对贾府贵族祠堂的描述：

且说宝琴是初次进贾祠观看，一面细细留神

打量这宗祠：原来宁府西边另一个院子，黑油栅栏内五间大门，上面悬一匾，写着"贾氏宗祠"四个字，旁书"特晋爵太傅前翰林掌院事王希献书"，两边有一副长联，写道：

　　肝脑涂地，兆姓赖保育之恩；

　　功名贯天，百代仰蒸尝之盛。

也是王太傅所书。进入院中，白石甬路，两边皆是苍松翠柏，月台上设着古铜鼎彝等器。抱厦前面悬一块九龙金匾，写道"星辉辅弼"。乃先皇御笔。两边一副对联，写道是：

　　勋业有光昭日月，功名无间及儿孙。

也是御笔。五间正殿前，悬一块闹龙填青匾，写道是"慎终追远"。旁边一副对联，写道是：

　　已后儿孙承福德，至今黎庶念荣宁。

俱是御笔。里边灯烛辉煌，锦幛绣幕，虽列着些神主，却看不真。

贵族的宗祠自是气派辉煌，甚至有御笔匾额，但其主要格局与一般宗祠相比是差不多的。

祠堂的祭祀对象，明清以来因祠堂有宗祠、支祠、分祠等的区别，各类祠堂所供的牌位也不同。一般说全宗族的祠堂，祭祀自始祖以下的祖先，如前面提到的宜兴筱里任氏宗祠"一本堂"，供奉始祖以来的祖先。取名"一本"，自然是从宗族的始祖开始祭起，有了根本，然后才有枝叶，才有各支的先祖。始祖，是宗族认为最老的祖宗，他不一定是一世祖，有的宗族始祖以下世系并不清楚，只能从已清楚的世系中排列出一世、二世、三世世系，予以祭奉。有过迁徙的家族，通常祭始迁祖及以下祖先，始迁祖是指从他处迁来居住地的祖先。清同治年间兴修的《兴国县志》述说当地风俗："重追远，聚族而居者必建祠堂，祀始迁祖。"反映当地宗族祠堂是普遍祭祀始迁祖。一般说来，大多数的家族都有过迁徙经历，或者说难以确切知道久远的始祖是何人，所以宗族说祭始祖其实也就是祭始迁祖。

祭祀始祖或始迁祖以下的祖先，在大族，先祖太多，大堂中难于摆得下更多的祖先灵牌，于是就要按照一些原则予以处置。为此，参考皇家宗庙的办法及民间的实际情况，根据死者本人及其子孙在宗族内的身份和社会上的地位及对祠堂的贡献，来决定灵牌的放置处所。皇家宗庙神主的迁易原则，是考虑皇帝生前的功德，以庙号的形式表现出来。民间也学习这种精神，除必尊祭始祖、始迁祖外，其他先祖要论德、爵、功，以决定其在祠堂中的地位。若其人道德高尚，为社会所尊重；若其人或子孙出仕，有光宗耀祖之功劳；若其人或子孙为宗祠的修建、宗族义学的兴办出过大力，捐献了祭田、书田、义庄等，有过维护、发达宗族的贡献，那么，宗族就要给予其灵牌以特别尊重的地位。明代嘉靖朝曲靖知府庞嵩宗祠，设有正堂供奉木主，旁边建有夹室，收藏祧主。正堂分为三龛，正龛最重为始祖神主，次重对建立本族有大功而不迁的神主，其他神牌四亲尽则迁，放入祧室。左一龛是

"崇德",凡有隐德、周济族人、调解乡邻纷争的人,或有功名、出仕德泽于民的人,入祀不祧。右一龛为"报功",凡能大修祠堂,或为族中增添祭田、义田的人,也得入祀不祧。到元旦春祭时,将已祧神主请出,同未祧神主放在一起,按昭穆顺序排列后合祭。祭后再将已祧神主收入祧室(《广东新语》卷一七)。明代浙江慈溪师桥沈氏宗族文化发达,有明一代出了进士10名,举人31人。所以沈氏宗族规定:除始祖、孝友、忠节可入祠堂祭祀不祧外,有科举功名和办学校者,也要入祠祭奉(《师桥沈氏宗谱·宗祠志》)。这可看出沈氏宗族对本宗族文化教育的有功绩者非常重视。

祠堂以论德、爵、功将祖先分成等第,给予不同祭奉待遇的做法,有不少宗族不赞成,他们认为这样做会将祖先的自然伦序弄乱了,是对祖先的不敬,所以不采用这样的方法。

3 祠堂祭礼

按照宗法观念和制度,宗族祭祖是极其神圣严肃的活动,也是相当繁琐复杂的事情。它涉及被祭祖先偶像的形式,祭祀的类型与日期,祭器和祭品,祭告的内容,主祭者与司事人员的职责,与祭人的条件与纪律,祭礼的程序,祭后的宴会与娱神活动等。对于这些祭祀的内容和形式,政府作了规范,在礼制中规定了品官、庶人的祠庙礼仪,私家也有不少自己的规

江西萍乡泉溪刘氏总祠

定。到了宋朝以后，特别是明清时代的绅衿宗族，制定了许许多多的宗祠祭礼，详细地记录在族谱和文集中，以便宗族在祭祀时依照执行。下面根据这些规条，我们对宋元以后的祠堂祭祖礼仪作出说明，并简略介绍一下宋以前祭礼的源流发展。

（1）祭祖的类型与对象

祭祖的类型。时祭，按一年四季分，在每季的第二个月祭祀一次，每年四次。春祭曰祠，春祠时摆放的供品不多，但祝词较长，因为春季开始播种，物品少，所以供奉比较简单。多念些祷词，请求祖先保佑，本年得个大丰收。夏祭曰禴，也因禾谷尚未成熟，祭品不多。南朝齐武帝萧赜临死前遗诏，令身后祭祀不要奢费，他说："祭敬之典，本在因心，东邻杀牛，不如西家禴祭。我灵上慎勿以牲为祭，唯设饼、茶饮、干饭、酒脯而已。天下贵贱，咸同此制"

(《南齐书·武帝本纪》)。由此可见,禴祭的俭朴由来如此。秋祭曰尝,将秋熟收获后的谷物、蔬果作祭品,请祖宗尝新。冬祭曰烝,烝是众多、气盛的意思,冬烝表示一年收获了,祭品丰富。古人将祭祀也称"烝尝",便是以秋尝、冬烝指代的。四时祭祀的具体时间,可临时选择吉日,往往在春分、夏至、秋分、冬至之日,政府不作具体规定。民间最重视清明和冬至两次祭祀。

清明时节,各宗族扫墓祭祖。在祖坟举行墓祭,先是全族祭奠始祖坟(多是始迁祖坟),然后各房支分头祭扫本房祖坟,也有的宗族在祖坟和祠堂两处都举行祭礼。冬至祭祖在祠堂进行,要祭全族的始祖,是全族的大祭祀。冬至时节,古代认为是阳气上升的时节,臣民要向君主祝贺,官场上要互相庆贺,如同过年一样,所以人们尤其重视这时的祭祖。清明、冬至祭祀之外,许多家族还在岁时节日祭祖,如端午、中元、中秋、除夕、元旦、元宵等节。在这些节日的祭祀中,以元旦的规模盛大,合族进行,其他节日多由各房支或家庭举行。至于祖先的忌辰,各族的祭祀,除极个别的先祖,多是在分支祠堂或坟地进行。一般说来,宗族的祭祀以清明、冬至两日最为隆重。

以上是通常的惯例祭祀,还有特殊的祭祀。如子孙获得科举功名中举人、中进士,或者升官晋爵,或者娶妻生子,是非常荣耀和喜庆的事情,祠堂在身边的要去祠堂行礼,不在近前的,俟回乡的时候再去祠堂补祭,向祖先报告喜讯。如江阴袁氏宗族规定,凡子孙中秀才,备祭三席,补廪、中举、中进士,加倍办祭,出仕者更要有丰厚的祭祀(《澄江袁氏宗谱》卷三)。

祠堂祭祀的对象,有始祖、始迁祖、先祖、四亲等,已然明确,如何在祠堂里将他们显示出来呢?这就要借用神主和画像。

祭祀中使用祖先画像是后世的事,最早在先秦时的祭祀中,则是要找一个在世的人装扮成死去祖先的模样,坐于祭堂正中,代为接受祭祀,这个死者神灵的替身叫"尸"。此"尸"当然是一具活尸。这种特定的祭祀称为"尸祭"。不是随便什么人都可以扮"尸"的,扮"尸"的人须是死者的孙辈或臣下,儿子一般不能扮作父尸。《礼记·曲礼》上说:"孙可以为王父(祖父)尸,子不可以为父尸。"如果孙子年幼,可以让人抱着坐在堂上受祭。由于"尸"是故去祖先的化身,所以人们在祭祖时对"尸"极为虔诚。迎"尸"入室,主持祭尸仪式的"尸祝",先要拜请"尸"安坐,然后再请孝子或孝孙亲自捧上祭品与祭酒由"尸"享用,并举行乐舞以娱"尸"。"尸祝"充扮人与神的中介人,手持祭版,对"尸"诵上祈求福祉的祝词,并代为神灵传话。在整个尸祭过程中,"尸"安居鬼神之位,只是享受丰盛的祭品而无所事事,成语"尸位素餐"便是由此而来。在"尸"享受祭品后,剩下的食物,称"馂余",则依尊卑之次由众人分食,以示分享祖先赐予的福佑。

后世尸祭制不复实行,活尸由衣冠及画像等取代。

神主又称木主、神牌、木牌、牌位，它用木料制作，一般用上等材料做成木片，插在底座上，牌上写明已故祖先名讳（有爵职的亦要书写出来），平常放在布帛袋里，置于漆盒里贮存。神主意味着什么呢？《穀梁传》文公二年注说："主，盖神之所凭依，其状方正。"《白虎通义》也说："神无所依据，孝子以主继心。"古人认为，人死下葬后，他的形体走了，但魂魄还要回来，它需要有所寄托依凭，而木主就是这个依托的载体。《史记·周本纪》记载：武王孟津观兵准备伐纣时，曾载文王木主以行，"言奉文王以伐，不敢自专"，表明他是代文王以行征伐。

神主的木版大小、所写字样，各代都有一定的规矩。在汉代，"神主，以木为之，方尺二寸，穿中央，达四方。天子主长尺二寸，诸侯主长一尺"（《后汉书·光武帝纪》注）。这是帝王诸侯木主，有着严格的等级差别，官、民的木主尺寸还要小。在宋代，政府规定官员家庙中的木主，长一尺，宽四寸五分，厚五寸八分，上书"某官某大夫之神坐"（《宋史·礼志》）。民间制作神主用料的讲究状况，要看家族的财力，如清代广东巨富叶氏家族，木主上的字是用黄金铸成，木版为茄楠木质地。后来家业凋零了，子孙将金字抠下卖钱，又用楠木牌做成念珠出售，每一木牌可断磨成18颗珠子，恰好成一串（《清稗类钞·豪侈类》）。

前面我们已经提到，"庙"者，貌也，宗庙是展现祖宗容貌的场所。木主是祖先神灵的依托，而偶像或画像则是祖先形貌的留影，二者一神一形，一内一外，合为祖先神的整体,在祭祖时是并存的。在先秦时代人们是用"尸"装扮成祖先受祭。到了汉代,则以祖先用过的衣冠来表示他的形体,《后汉书·志·祭祀》说汉代宗庙前有庙而后有寝,"庙以藏主,以四时祭;寝有衣冠几杖象生之具,以荐新物"。神主平时贮藏在庙中,只有四时祭祀时才请出,在寝殿中则常设置祖先的衣冠几杖等物,用无头的俑人将衣冠穿上,"坐起如生时"(《后汉书志·仪礼》注引《汉旧仪》),表示祖先接受平时更新的祭物。后世有衣冠冢,大约是源自汉制。汉代民间也有刻木人以像先人来祭奉的。汉宣帝时有一个叫丁兰的人,少小丧母,成人后"乃刻木作母事之,供养如生"(《太平御览》引《搜神记》)。后来更多的是用画像来表现祖宗的体貌。《三国志·蜀书·诸葛亮传》引《襄阳记》说:"自汉兴以来,小善小德而立庙者多矣。"汉代墓祠画像石上,也常刻有祠主受祭的画面。隋时汲郡人徐孝肃幼年时父亲亡故,孝肃长大后已记不清父亲的容貌,于是向母亲询问,"因求画工,图其形像",构建祠庙置图像于其中,早晚问安,并于每月朔望之日祭祀(《隋书·孝义传》)。在北宋,家庙中祭祀时悬挂祖先画像已经多起来。司马光在《书仪》中强调祖先画像一定要求真,像原人,不能似是非是,否则就是对先人的大不敬。明清时代,画像很多,供家族祭祀之用,平时卷放起来,祭祀时取出,掸干净挂好,许多家族还把先人画像摹刻在宗谱上,流传到后世。

(2)祭祖的过程与牲享

祠堂祭祖,要上供品,因家族的社会地位不同,政府对此也有相应的规定。就品官家庙祭祖的供品来看，一般说来，二品以上官员可用羊、猪各一，五品以上用羊一只，五品以下用猪一头，都要肢解四体，煮熟后上祭。民间祭祖，实际上也用羊、猪，没有经济条件的宗族，不能宰牲的，可根据自身实际能力上供品，除羊猪外，供品还有粮食及其制品、时鲜菜果，并上有酒茶。当然，祭品的丰盛与否，也要看祭祖的时节，如前所述，春夏祭祀简单一些，而秋冬祭祖则要丰盛些。

祠堂祭祖是宗族的一件大事，要搞好祭祀，除定时备好供品之外，还要有祭祀程序和相应的管理人员。在人口众多的大族中，主祭与管事人员的分工很细致，有的分为主祭人、分祭人、司赞、司祝、司爵、司筵、纠仪等执事人员，分别管理祭事、主持、司仪、读祝词及管祭器、祭品、纠察纪律等事。祭祀在这些执事人员主持下分项进行。大致程序是：主祭人向祖宗神主、遗像行礼；族长离开享堂迎接供品；初献，在供案上摆筷子、匙勺、放了酱醋的碟子；宣读祝词；焚烧明器纸帛；奏乐；族人拜祖；二献，上羹饭肉；三献，上饼饵菜蔬；二献、三献之间都有礼拜；撤去供品；族人会餐。

主祭人一般是有实权的族长，有的宗族则用宗子主持仪式。后世"宗子"一般是指那些辈分最尊长的族人，与先前宗法制的情况不一样。族人拜祖时，依辈分排出昭穆班次，一一进行。祭品的备办、祭器的洗濯、供品的传递等诸多事项，全由子弟、媳妇操作，不得使用仆人，用以表现出子孙祭祖的虔诚态度。肃穆庄重的祭祖礼仪，在《红楼梦》第五十三回的贾府除夕祭宗祠中有十分生动的描述：

只见贾府人分了昭穆，排班定位。贾敬（长房宗子）主祭，贾赦陪祭，贾珍献爵，贾琏贾琮献帛，宝玉捧香，贾菖贾菱展拜垫，守焚池。青衣乐奏，三献爵，兴拜毕，焚帛，奠酒。礼毕，乐止，退出。众人围随贾母至正堂上。影前锦帐高挂，彩屏张护，香烛辉煌；上面正居中，悬着荣宁二祖遗像，皆是披蟒腰玉，两边还有几轴列祖遗像。

贾荇贾芷等从内仪门按次站列，直到正堂廊下；槛外方是贾敬贾赦，槛内是各女眷。众家人小厮皆在仪门之外。每一道菜至，传至仪门，贾荇贾芷等便接了，按次传至阶下贾敬手中。贾蓉系长房子孙，独他随女眷在槛里，每贾敬捧菜至，传于贾蓉，贾蓉便传于他媳妇，又传于凤姐尤氏诸人，直传至供桌前，方传于王夫人；王夫人传与贾母，贾母方捧放在桌上。邢夫人在供桌之西，东向立，同贾母供放。直至将菜饭汤点酒茶传完，贾蓉方退出，归入贾芹阶位之首。当时凡从"文"旁之名者，贾敬为首；下则从"玉"者，贾珍为首；再下从"草头"者，贾蓉为首：左昭右穆，男东女西。俟贾母拈香下拜，众人方一齐跪下，将五间大厅，三间抱厦，内外廊檐，阶上阶下，两丹墀内，花团锦簇，塞得无一些空地。鸦雀无闻，只听铿锵叮当，金铃玉珮微微摇曳之声，并起跪靴履飒沓之响。

祭祖仪式过后，宗族还要举行族人的相拜礼，这尤其是在合族大祭之后。族人向宗子、族长礼拜，然后小辈拜长辈，同辈之中年幼的向年长的礼拜。宗祠以隆重的礼仪，表示尊重祖先，因为辈分是祖先传下来的，辈分越高的人，与祖先的血脉越近。同时，这也是教育族人懂得尊卑长幼的道理，以便遵守祭礼和祠堂的其他规矩。尽管有些辈分高的人家既穷，在族中也无势力，但在祭祖的日子里则仍受到人们相当的尊重。笔者在安徽省嘉山县苏巷镇调查宗族情况时，镇上老人曾回忆起当地戴氏宗族在民国时祭祖的一段往事，该族祭祖时由宗子主祭，这位宗子被人称为"老爷子"，辈分最为尊贵，但家里最穷，孤身一人，和乞丐差不多，一辈子没钱娶妻。平时也没人去答理他，但除夕合族祭祖是他一年中最快乐的一天，最受人尊重，在各家随便吃喝，过了这一天，又一切如常了。

（3）食馂余与娱神

祭祖和族人相拜之后，有的宗族还要举行族众会餐及演戏娱神活动。祭祖供品撤下来以后，由子孙分吃，叫做"食馂余"或"饷馂余"。馂是指剩余的食物，也就是老祖宗吃剩下的，由子孙接着吃，好接受祖宗的赐福。祖宗的神灵是不会真的享用供品的，但人们认为，祭过祖的供品，含着祖宗的赐福，因此食馂余也是图个吉利。当然,吃有吃的方法,多数宗族是按辈分、年龄分出桌次入席,以便吃饭时长幼有序,秩然有伦。有的宗族像置放故去的祖宗牌位一样,论尊、长、功、爵、德,将参加会餐的族人分出等第,安排坐席,以教育子弟尊老、尚学、求仕,以便日后自己能光宗耀祖。

有的宗族,在族人食馂余会餐之后,还要举办神人同乐的戏剧活动。对祖先的祭祀本来是紧张、肃穆的事情,而戏剧则是轻松、娱乐之事,二者似乎很难扯在一起,但实际上它们并不矛盾。祭后戏剧活动与族人食馂余一样,是吸引族人参加祭祖、联络感情的一种手段;同时,也是为了让祖先神得到享乐,不但有丰盛的祭品,还有欢娱的戏剧舞乐。祭祖中的娱神活动有很早的传统,在先秦宗庙祭祖活动中,代表祖先神的"尸"享受祭者奉上的供品后,还要举行乐舞以娱尸。宗庙娱神的乐舞在那时很发达。后来的祭祖活动中,仍有这种娱神又娱人的习惯。西晋时会稽永兴人夏敬宁祠祭先人,请漂亮的女巫章丹、陈珠二人前来娱神,二女不但表演歌舞,还会吞刀吐火的魔术。娱神时在初更,撞钟击鼓,间闻丝竹之乐,族人前往观看,"忽见丹、珠在中庭,轻步伺舞,灵谈鬼笑,飞触挑拌,酬酢翩翻"(《晋书·夏统列传》)。宋以后,戏剧发达起来,祭祖后的娱神活动常是请来戏班唱戏。浙江萧山汪氏宗族清嘉庆七年重修《大宗祠祭规》,其中有"春秋演剧例",记载了该族在乾隆年间将演剧引入祭祀敬祖的原委:

> 春秋祭毕,向无演剧之事。岁在(乾隆)壬寅,因祭费有余,不便分析,故于秋分祭毕,演剧二台以敬祖先,今遂为例。每年秋祭前,预先雇定梨园一部,约上、中班,以两一本为率,共二本。贪贱定下班,罚戏。祭毕,先演秋分戏,晚补演春分戏,戏台搭在祠前河涯,不得搭入祠内道地亵祖犯罚。倘临期梨园不到,令罚若干,公同另议。

汪氏祭祖后演戏,最初是因祭费有剩余,才拿出来请戏班。不过演戏敬祖,不能在肃穆的祠堂内进行,不能靠近祖先神位,怕因此亵渎祖先,但祭后演戏一定是受到族众的欢迎,所以才能成为惯例。清代浙江余姚半山毛氏宗族的《大宗祠规例》规定:"宗祠演戏侑神,以忠孝节义等剧为主。若佻达奸邪之类,非所以敦教化厚风俗也。当重戒之。"该族是允许在宗祠内演戏的,不像汪氏,但看戏时,中厅只有尊长、男子及远客可坐,妇女只许在两侧厢房观看(以上转见田仲一成《中国的宗族与戏剧》中译本,上海古籍出版社,1992)。祭祖后请班演戏,需要有相当的财力,不是每个宗族都能做到的,所以这不是常见的活动。

(4)祭祖的资格

前面我们曾提到,"神不歆非类",有资格来参加宗族祖先祭祀活动的,当然要与祖先有着血缘上的关系。一般说族中16岁以上成年男子都可以而且也必须参加祭祀,这是他的义务,也是他的权利。说义务,因为作为祖先的子孙,必须出席祭仪,不得无故迟到、早退和缺席,违者要受到处罚。说权利,因为能参加祭祀,表明他是宗族的一员,可以受到祖先神灵的赐福和宗族的保护及救济。而那些犯了严重错误,被开除出宗的宗族成员则失去这种权利,不能再参与祠堂祭祖活动。不少宗族规定,对不孝不悌、奸淫赌盗以及从事胥隶、优戏、屠户等当时认为是贱业的子弟,一概剥夺祭祀资格,不许进入祠堂,以免玷污了祖宗和宗族的名声。有些宗族还不允许异姓过继的螟蛉子参加祠祭,以防紊乱祖先的血脉。

妇女也参与祠堂祭祀。明朝政府规定的品官家庙礼仪,主妇要和主祭者一起率领祭祀人到祠堂,主祭打开置放男性祖先神主的箱子,主妇则开启女性祖先的箱子,将它们按秩序摆好。祭拜时,主祭人与男性成员站在东面,主妇与女性成员立在西面(《明史·礼志》)。清朝也有类似的规定,品官家庙祭祀时,主妇要率众妇为祖先整治供品,在祭仪实行三献的过程中,主妇带领诸妇传递供品,每献一次,都要叩头礼拜(《清史稿·礼志》)。前面我们讲到的《红楼梦》中描绘的贾府祭宗祠时,贾母、邢夫人率众妇就是这样做的。一般讲,宗祠是允许妇女进入祠堂参加祭礼的。当然,宗祠是男性血缘关系的组织,以男子为主角,在祭祀过程中,女性是作为男子的配偶、附属的角色出现的,所以宗祠里有很多歧视妇女的做法。食馂余会餐,妇女是没有份儿的。前述浙江余姚半山毛氏宗族祭祖后演出戏剧,妇女也不能坐在中厅观看,只能在两边厢房里。祠堂的管理权,妇女更是不能沾边。

祠堂为什么如此重视和实施祭祖仪礼?清初经学家万斯大在《学礼质疑·宗法》中说:"统族人以奉祀也,祭已往之祖,而收见在之族。"他认为宗族通过祭祀祖先,团结了现在的族人,用当时的语言表达就是起到了"收族"的作用,那么祭祀的意义也正在此了。他讲得不错,再结合祠堂祭祖的史实,对祠祭可以得出如下认识。

其一,祠祭是祖先崇拜观念的体现,起着凝聚宗族的作用。前已说明,宋代以后,重"一本"、尊始祖成了族人精神的寄托和团结的旗帜,落实到祭祀上,不仅要祭奠五服以内的四亲,更要祭祀远祖、始祖。开展祭始祖活动,显然一家一户不能进行,需要有个团体来组织,也就是在"尊祖"与"收族"之间要有个中间环节,来实现两方面的联系,这就要靠宗族、祠堂。古人又讲"尊祖敬宗收族",敬宗连着尊祖、收族两个方面。宋以后由于受重"一本"的尊祖观念的影响,再讲敬宗,已不是原有上古的崇敬大宗、服从大宗的意思了,而是说族人应该尊重宗族,遵从宗族的体现者祠堂及其管理者族长,由于族长和祠堂组织祭祖、编纂族谱、开办宗族义学、处理族内外事务纠纷,把族人置于祠堂族长管理之下,团聚了族众,从而也使祠堂成为宗族性民众社会群体的代称。清初学者屈大均总结说:"今天下宗祖之制不可复,大率有族而无宗。宗废故宜重族,族乱故宜重祠"(道光《海南县志》卷八)。重族、重祠,正是明清时期以恢复古代宗法为名的宗族活动的特点。当然，宗族团体形成没有经济条件不行，宗人成为族群，还要在经济基础上有实现的手段，这就是祠堂祭祀。在这一活动中，人们以"一本"为共识，通过宗族族长组织的祭祖活动，形成一个群体。明初大儒方孝孺在谈到祠堂祭祖与祠中读谱的作用时说："则为谱以明本一，为始迁（祖）之祠以维系族人之心。今使月一会于祠而告之以谱之意，俾知十百之本出于一人之身"（《逊志斋集·宗仪》）。他说得很明确，宗祠通过尊祖祭祖，维系着族人之心，组成宗族群体。

其二，祠堂祭祖体现了近古的宗法思想。宋以后不再有严格意义上的大小宗观念，推崇"一本"意识，族人都有祭始祖的权利，宗族主持人族长的产生取决于辈分、年龄、品德、功名、财力诸因素，与大小宗房支关系不大。

其三，祠堂祭祖体现了封建等级制，是政治等级制与宗法制又一种结合形式。上古大小宗制本身包含了等级精神，宗法制又同分封制结合，宗法精神与等级精神互相渗透，使宗法制更具等级含义。近古祠堂祭祖，由于同分封制已没有联系，又重"一本"观念，大小宗房支间没有必然的尊卑关系，因而世俗等级精神在宗族中没有必然出现的条件。但是人们又在宗祠祭祖活动中讲究德、爵、功，违背血缘秩序增设祖宗牌位，食馂余会餐中也以功名在族人中论尊卑。在祭祀中引进世俗的等级精神和制度，在祖先神灵中分等级，又在世俗现世中搞等级。这种世俗等级是宗族内部因政治地位、财产状况不一而分为不同社会等第关系的反映，也是封建时代等级制度在宗族社会中的反映。换句话说，上古的宗族等级观念由大小宗法观念和分封等级观念结合而成，近古的宗族等级观念则是由宗法尊卑观念与贫富观念结合而成。

三 宗族的形态与结构

1 宗族的类型

在祖先崇拜观念下与祭祖活动中，宗族构成一种社会群体。作为一个社会组织的形成，还要有其他很多因素。宗族与别的社会组织不同的，首先是血缘的要素，即组成宗族的各个家庭的男性成员，有着一个共同的老祖宗的血缘因素，都是共同祖先"一本"演化而来，相互之间是族人关系。其次还有地缘因素，这也是不可缺少的。如果有宗亲关系，但分散各地，也很难形成宗族组织。在古代，个人流动很难，有血缘关系的族人常居住在一起，甚至一个村落生活的人，都是一个祖先的后裔，这种情况就是常说的"聚族而居"了。有了地域上相聚而居的族人，就为建立组织提供了方便。另外，说到某个家族，它又常同某个特定地区联系在一起，如太原王氏、陇西李氏、彭城刘氏等，就是说到这个家族的地望。有了血缘关系与地缘关系，只能说有了组织宗族的可能和前提，要形成一个团体，还需要有人出面做组织工作，将众人聚拢起来，为此要有组织原则，要成立领导机构，有管理者，所以宗族的形成还需第三个要素，即有领导者和组织机构。有了这三项条件，宗族就能成立了。《白虎通义》中解释"族"和"宗"时说，"族"是聚合起来相互恩爱的从高祖到玄孙不同辈分的各代人的家庭；"宗"是尊重的意思，是族人敬重主持祭祖的人，并接受他的治理（卷三《宗族》）。《白虎通义》把"族"和"宗"区别得很清楚。由此看来，古人也认为，要组成宗族，血缘要素与领导组织者两方面缺一不可。

宗族组织不同时期有不同的变化。在古代社会，等级制精神是始终如一的，制约着社会组织的形成与发展，据此，依宗族自身组织形态和其政治的、社会的地位，我们将宗族分为六大类分别叙述。

（1）王族与皇族宗族

帝王宗族，商周时代称为王族，秦始皇以后称皇族，是社会地位最高的宗族。它随着国家或朝代的兴亡而兴亡，与王朝相始终。因为它是统治宗族，因而宗族结构最为完整，宗族组织也最为完善。

殷商王族是子姓王族，由"时王"（在位的国王）及其儿子和没有分出去的兄弟、侄儿组成。由于是以"时王"为中心，所以王族成员范围不大，前几代国王的兄弟都不属于王族，他们早已分离出去，成为另一种类型的宗族，就是子族。西周姬姓王族的情况也差不多，也是以"时王"家族为核心的宗族。这是狭义的王族，或可称为王室、王家。广义的王族还应包括同姓的诸侯之族（公族），范围很大。王族以天子为中心,殷、周王为天下的宗主,是子姓、姬姓宗族的总族长(当然也是其他异姓宗族的君主),如西周宗庙所在的镐京,被称为"宗周"。殷、周王主持宗庙的祭祀活动。东周战国时期,过去的一些诸侯坐大,称王者多起来了,王族也就不只限于姬姓的王族了。

王族有自己专门的管理机构和官员,负责祭祀、管理族人等事务。周王朝有小宗伯,"掌三族之别,以辨亲疏"(《周礼·春官宗伯》),负责王族内部亲属关系、户口、继承等事的管理。还有小史,辨别、记载王室和诸侯的血缘、辈分、世系关系,撰写《帝系》、《世本》等谱牒著作。在楚国,有三闾大夫一职,管理楚王族的昭、屈、景三氏,表彰贤良族人,鼓励他们为国出力。著名诗人屈原就担任过这个职务。

秦以后天子之族称为皇族。皇族的划分,与商周以"时王"为中心的划分一样,是以在位的君统帝系来区分的,但规模要比殷商王族大得多,亲属涵盖范围也要宽泛得多。唐代划定皇族内的亲疏关系,是规定"九庙之子孙,继统为宗,余曰族"(《旧唐书·职官志》)。就是说凡是继承帝位的五世宗亲,称为"宗",属于皇家的近亲,可称为宗室成员;其出了服的人则泛称为"皇族",是为疏属,我们也可称其为皇姓。在清代,皇帝的五世宗亲称"宗室",俗称"黄带子",出了服的皇亲称"宗室觉罗",以系红带子为标志,因而俗称"红带子"。各姓皇族因王朝统治时期长短不一,宗族规模各异,王朝长的,皇族延续长达二三百年,皇族人口繁衍到十几数十万,可形成遍及全国的多分支性的巨族。王朝时间短，或两三世即宗庙倾覆的，皇族人数寥寥，有的甚至被斩尽杀绝，靡有孑遗。

皇族的管理机构，自秦朝开始逐渐完善，秦汉时设立宗正管理皇族事务。宗正源于周代的宗伯，王莽时曾将其改回，仍称宗伯。南朝的萧梁王朝将宗正这个机构称为宗正寺，为后世长期沿用。到金、元两朝称大宗正府。明清两代又叫宗人府。它通常是高级衙门，设置宗正卿、丞、郎等属官，一般掌管皇族户口，区分宗室成员的亲疏远近、嫡庶秩序，主管皇族祭祀，负责王公子弟爵位的承袭，宗人的婚嫁及对悖逆皇族的惩罚等事宜。

皇族成员有属籍，各朝宗正寺（宗人府）的皇族管理机构都要定期将族人的出生时间、嫡母和生母姓氏、嫡庶身份、封爵官职、婚丧嫁娶等状况一一登录簿籍。这种登记便是"属籍"，或者也称"宗籍"，是一种皇族的户籍册。登入属籍的族人，享有各种特权，受到朝廷的保护，而失去或被开除出属籍的皇族则失去这种特权与保护，与庶人一样了。汉代有属籍的皇族远属，有全家免除赋役的特权，如汉文帝四年下诏："复诸刘有属籍，家无所与"（《汉书·文帝纪》）。复，指免除赋役。王莽的新朝虽然短暂，但他即位后，认为王氏与姚、妫、陈、田四氏均出身虞舜，所以以此五姓为皇姓，诏令："天下上此五姓名籍于秩宗，皆以为宗室。世世复，无有所与"（《汉书·王莽传》）。一下免除了五姓的赋役。周朝以后，历朝有"八辟"或

"八议"之说，有八种人可以据此在法律上给予优遇。其中就有"议亲"一条，议亲就是要考虑皇亲的因素，宗人犯罪可以减刑甚至免予处分。朝廷对于皇族中叛逆及不肖成员的处罚，首先是开除其宗籍，废为庶人，使其失去特权，不再受政府的保护。汉景帝时，吴王刘濞发动七国之乱，平乱后，景帝立即削去了与吴王有联系的楚王之子刘艺的属籍。

皇族的宗室成员受封为贵族，有地位也有权力。西汉诸侯王有管理地方及统兵的权力，而且封地广大。文帝和吴楚七国之乱后景帝、武帝屡次削藩，藩王的参政权被取消，皇室遂成为食封贵族。两晋南北朝常任用宗室在朝辅政或出朝镇守重镇，权力较大，皇族这种过多过密参与朝政、权势膨胀的情形，又导致它的迅速衰落，皇族内讧惨烈。唐代宗室封爵，不给土地和民户，给予官职，却不许赴任，成为富贵闲人。汉唐时期皇族发展的趋势是从参政到不预政，走在权力衰退的道路上，但在富贵的名分上并没有降低，只是实际权力和地位下降了。唐以后这种趋势继续发展，除了皇族中的近亲在经济上富有、社会地位上尊贵外，在政治上已没有什么影响了。当然也有特别的时期，如清朝满族皇室在清朝初期和末期的政治舞台上还是相当活跃的。皇族的远亲和没有爵位的宗人，不但在政治上没有什么权势，在经济上贫微者也为数不少。俗话说皇帝老子也有几门穷亲戚，那些支脉疏远的皇族，穷困潦倒者大有人在。西汉末年被赤眉军推上皇帝宝座的刘盆子，虽是皇族，却不过是个放牛娃。号称中山靖王刘胜后裔的皇叔刘备，在东汉末年也只能靠织席贩履为生。北魏孝明帝下诏："宗室子女，属籍在七庙之内，为杂户滥门所拘辱者，悉听离绝"（《魏书·肃宗纪》）。此时王朝尚未改易，昔日列祖列宗之金枝玉叶，已沦为"杂户滥门"家中的妻妾仆隶了。明朝后期朱姓皇族人口太多，贫穷者甚至连名字都起不上。因为明皇族人口出生后要上报礼部，统一按支辈排字取名，然后才能编入皇族籍册，无钱的族人无法打点礼部官员，孩子出生后，只能有姓无名地过一生，甚至有的头发都白了还不能婚嫁（《明史·何如宠列传》）。

（2）世袭贵族宗族

贵族主要是指世袭贵族，他们的家族爵位只有世代沿袭，才能构成这一阶层的宗族活动。贵族宗族组织在典型宗法制的周代最为发展，两汉时期有一定的活动，魏晋到隋唐主要是士族制宗族时代，唐以后与皇族异姓的世袭贵族极少。

周代，尤其是西周时期，宗法制与分封制结合在一起，实行世卿世禄制，低一级的贵族从高一级的贵族那儿得到分封的土地和人民，管理封地政事，世代享有爵禄。在这种世卿世禄的制度下，宗法制度在贵族宗族中表现得最为典型，也最为发达，贵族宗族是宗族中最主要的类型。

如前所述，殷商王族的规模很小，以"时王"家族为中心，而那些"时王"分家出去的兄弟子侄及更远关系的亲属则转为另一种类型的宗族，即子族。这些贵族宗族是殷王族的亲族，都属子姓宗族。这个系统之外，还有许多异姓的贵族宗族，也是世代相袭，这其中有与殷王族世代联姻的宗族，如有莘氏、有苏氏；有被殷王征服而臣属的，在文化上互相融合仍保持一定贵族特权的异姓宗族。在殷商贵族宗族中内部组织结构是分有层级的，西周初年分封，曾经把聚族而居的殷商贵族遗民整族地封给周王近亲诸侯，以陶氏、施氏、繁氏、锜氏、樊氏、饥氏、终葵氏七族分封给卫国；分给周公儿子鲁公的有六支族氏，"殷民六族，条氏、徐氏、萧氏、索氏、长勺氏、尾勺氏。使帅其宗氏，辑其分族，将其类丑"（《左传》定公四年）。说明殷人宗族有宗氏和分族两个层级，宗氏即宗族，分族是宗氏的支族，受其支配。各分族下还有依附于分族的奴隶（类丑）。在殷商晚期，贵族宗族中已可以区分出大小宗，如刚提到的六宗氏之族长，则应是宗族中的大宗，他所统率的分族之长，则应为小宗。大小宗的区别，主要反映在对大小宗祖先的祭祀上，在祭祀的规格、次数与隆重程度上有明显的差异。据专家研究，殷代祭祀中分出旧新两派，各自对大宗、小宗的祭法不同，对先妣的祭法也有不同规定，对大宗的祭典要明显高于对小宗的祭典。

周代贵族宗族结构要比殷商的清楚多了。与殷一样，周贵族宗族也分为姬姓同姓宗族与异姓宗族两部分。周王朝最重要的制度是分封制和宗法制，分封制是采取由亲及疏的分封原则，先封周王同姓的兄弟子侄，后封异姓。同姓如召、郑、鲁、晋、卫等，为了达到"夹辅王室"的目的，使他们散居于王畿周围和东方各地；同时又封辅佐灭殷的异姓功臣为诸侯，如姜姓的齐国；又封历史上古老显赫的宗族为诸侯，如舜之后的陈国，禹后裔的杞国；还封殷王朝子姓贵族宗族中归顺的人为诸侯，如微子启的宋国；一些四周落后地区的族群归属了周王朝，周王也封他们为诸侯，如秦、楚。司马迁说："武王、成、康所封数百，而同姓五十五"（《史记·汉兴以来诸侯王年表》）。这样，周朝分封的诸侯就有不同的家族、地区和政治背景，他们构成了诸侯的整体。周王朝封诸侯，给予土地、人民和政事，他们向周王纳贡，派军队保卫王室或随王出征，而周王不能直接管理诸侯国事务，诸侯在封国内拥有治民的权力。诸侯，不论是哪一氏族的，同时又是所在宗族的代表，他所在宗族是国中贵族宗族的核心。

在诸侯国贵族宗族中也分出不同的等第。最高等的是诸侯，下面由卿、大夫、士各级贵族构成，诸侯对其属下也进行着同样的分封。诸侯封其属下为卿、大夫，卿、大夫的封地为采地或称采邑，后来随着卿、大夫势力的发展，采邑的独立性和诸侯封国差不多，诸侯也不能直接管理采邑事务。卿、大夫以下有士，也被封予食地。士是贵族阶层中最低一层，不再分封。诸侯、卿、大夫、士这几层贵族在分封过程中去统治各自所属的领地，建立起自己新的家族，这个过程叫做"致邑立宗"（《左传》哀公四年）。原来的姬姓族，一下就分化出几十个、上百个遍布各地的新家族。异姓贵族宗族也是如此，不过不像姬姓新家族那么多。

诸侯的宗族称公室或公族，卿的宗族称为家室或卿室，大夫宗族为士家，在士的家族中，既有贵族身份的人，也有平民，继位的嫡长子是士族贵族，余子则成为平民。从诸侯到卿、大夫、士构成周代的各级贵族，他们的宗族也就是各级贵族宗族。

周王分封同姓诸侯及在其内部分出等第的原则是宗法制度，它与分封制结合在一起。这一制度是区分出大宗和小宗：嫡长子为大宗，继承父位，称为宗子，也就是族长，余子为小宗，分封出去。宗子拥有祭祀自始祖起的祭祖权，余子则没有这种权力，要祭始祖只有到宗子主持的宗庙里进行陪祭，因此要"敬宗"，也就是敬重宗子。大宗以祭祖权与小宗区别开来，具有不同的地位，又向小宗实行分封，使小宗因祭祖、受封向大宗靠拢，从而使整个宗族有凝聚力，这就是"收族"。周王分封同姓诸侯，周王是大宗，诸侯是小宗。诸侯的嫡长子继承诸侯爵位，余子被封为卿，这样在诸侯的宗族内又分出大小宗，即继诸侯位的为大宗，是公族的族长，被封为卿的为小宗。卿在其封地，又以大小宗法精神封出大夫，大夫又封出士。诸侯对国王讲是小宗，在其封地又是大宗，卿、大夫、士亦然，所以小宗有其二重性，即在其内部又区别出大小宗来。这样在贵族宗族中，不但因分封有了政治地位上的等级差别，也因宗法制而使族内有了血缘上的尊卑地位的差别与宗族的分支。这种政治上的等级与血缘上的尊卑是一致的，分封出各级贵族的同时，也分出了他们的宗族。从周王、诸侯到士，这些贵族既是各级政府的首领，又是所在宗族的首脑，一身兼有二重身份。

周代这种自诸侯至士贵族宗族间的等级差别造成了它的内部矛盾。春秋时代开始，一部分诸侯卿大夫势力崛起，以下叛上，破坏宗法制，使原来宗法等级社会秩序无法维持。诸侯坐大，周王已降到诸侯的地位，诸侯国内也发生巨变，卿大夫势力坐大，大夫有罪，诸侯不敢处置。激烈的政治斗争，也使宗族地位迅速变化，晋国的叔向曾对来访的齐国晏婴说：晋国是旧时代的末世了，过去显赫的栾、郤、胥、原、狐、续、庆、伯等族，现在都成了奴隶，国政出于专权的大夫家族。叔向的家族是从公族分出来的，当年分出的十一族中，此时仅存叔向家族一支，而且还朝不保夕，公族的衰落如秋后的落叶一样不可避免（《左传》昭公三年）。到了战国时代的社会大变革中，大小宗法制与分封制一起土崩瓦解，那种世卿世禄的世袭贵族极少存在，西周的宗族结构遭到严重破坏。随着秦的统一，宗族制进入了一个新的时期，贵族宗族与以往的世袭贵族有了很大的区别。

秦以后，分封名义上虽仍在实行，但实质已发生变异，大小宗法制名存而实亡，分封与它不能相结合。爵位可以世袭，但官职却不能。从宗族角度上说，这一时期的贵族，主要是指那些与皇姓异姓的功臣宗族。皇族也是贵族，有其宗族组织，但应把它归入皇族宗族范围。这与殷周是有区别的，殷周王族的远亲已不再是王族了。

秦、西汉是宗族组织衰落的时期，东汉才逐渐发展起来。秦朝很短，两汉时期异姓的贵族宗族主要是外戚与功臣的宗族。西汉初年封赏功臣与后来不断封爵外戚，使他们成为世袭贵族，逐渐形成贵族宗族。皇帝的姻亲称为外戚，西汉外戚因恩泽封侯者有112人，外戚在政治上势力很大，他们以皇后的父兄身份参与朝廷大政。西汉末年外戚王莽因家族势力，甚至还登上了皇帝的宝座。功臣宗族，或称军功贵族，主要是由两汉初年所封功臣的后人发展起来的，西汉功臣封侯者有272人，东汉功臣封侯者有365人，他们都属食封贵族。他们享有封国中人民交纳的租税，有很强的经济实力，在政治上也很活跃。

外戚、功臣宗族，一般来说宗族结构比较完整，宗族组织也比较完善，由政府直接或间接管理，因为他们有袭承爵位的问题。外戚事务与皇族一样，也由宗正兼管，西汉时外戚窦婴有罪，被拘押在都司空处置，都司空设官有令、丞，其职为宗正的属官（《史记·魏其武安侯列传》）。外戚也要登记属籍，有属籍的外戚宗族成员，可以有免除赋役等特权。东汉邓太后时，外戚邓康因诈病不朝和出言不逊，被太后免官，遣送回封地，并"绝属籍"，即免去其外戚成员的身份。政府还有《外属图》，大约是一种注明世系的谱牒。光武帝刘秀因窦融是汉文帝窦皇后娘家的后裔，而本人是窦太后遗胤，因而赐给他《外属图》（《后汉书·窦融列传》）。功臣因有爵位的承袭问题，政府对其宗族事务也进行一定的管理。西汉政府有《列侯功籍》，记载功臣宗族成员的状况，它有正籍和副籍两种，正籍藏在宗庙，副籍存在政府（《汉书·高惠高后文功臣表》）。上了属籍与功籍的外戚、功臣宗族成员，都有终身免除赋役等特权。

两汉时期，世袭的贵族宗族以军功和外戚宗族为主。魏晋南北朝及隋唐时期，宗族发展的标志是士族宗族制的出现、发达及衰落。贵族宗族有的转为士族，其在整体上已不太重要了。唐以后，绝大多数世袭贵族传衍不了几代，其宗族很难长期保持贵族地位，只有极少数例外，如明代世守云南的沐氏和历代衍圣公孔府家族。孔子后裔自汉代被封为褒成侯，食邑二千户，历久不衰。尽管历史上改朝换代不断，而孔氏家族的贵族地位一直没有动摇。至明代，有政府拨给的祭田二千顷，及大批庙户、佃户等钦拨依附人口。在清代，孔府的家族管理机构，比宗王府还要完备。孔府是我国历史上唯一的累世绵延的贵族宗族。

总的说来，周代是典型宗法制和分封制结合的时代，世袭贵族的宗族组织最为发达，他们也是社会上宗族的主体成分，宗族内部大小宗之间尊卑差别与贵族宗族之间的政治地位差别最为明显。秦以后的两汉时代，宗族组织由衰败重新走向恢复和发展，分封制仍以其变异的形式延续着，军功和外戚贵族宗族在整个社会组织中仍占有重要地位。汉以后，世袭贵族宗族依然存在，但作为宗族组织的整体，已不重要了。

（3）士族宗族

唐朝诗人刘禹锡有脍炙人口的诗句："旧时王谢堂

前燕,飞入寻常百姓家",感叹时世的变迁。这王、谢宗族便是两晋南北朝时期在江南地位不寻常的士族。士族主要存在于从魏晋到隋唐的中古时期,以士人之族及家族的文化和儒学门风为特色。中古社会,作为宗族群体,士族宗族是凝聚力最强的,宗族制度在士族宗族中最为发达。士族从魏晋形成,到唐末五代才告消亡,很多名门望族绵延数世纪,其持久性与凝聚力为以往的贵族宗族所不及,其群体意识、自我完善性与自我建设性又是皇族与平民宗族所难以比拟的。

两晋南北朝时期宗族发展的标志是士族宗族制的出现和发达。在两汉世家大族的基础上,魏晋之际形成了士族。世家大族是一些长期不衰的宗族,有些是自战国以来遗留下来的强宗豪族,又重新发展起来了。如战国后期赵国的抗秦名将赵奢,因功被封为马服君,他的后人以马为姓,到西汉时仍是大族。武帝时马通因功受封为重合侯,然而又因谋反受镇压使宗族一度衰落。到马援时,成为东汉的开国功臣,马援的女儿为汉明帝的皇后,马援的族孙马融又是东汉一代名儒,马氏子孙贵盛,成为累世相传的望族。世家大族还有的是新兴的官僚宗族,如汝南袁氏家族,袁氏在西汉末年还是中下级官僚家庭,东汉时发展很快,自袁安起,其子袁敞、孙袁汤、曾孙袁逢、袁隗四世五人做过三公地位的高官,门生故吏遍布天下。汉末占据冀州等四州与曹操争天下的袁绍便是这一家族的成员。世家大族更有一些是由士林家族发展而成的。汉武帝罢黜百家、独尊儒术,设置五经博士,重用读书人,自此后走读书做官之路为社会所重视,很多家族多方面鼓励子弟读经求仕。如邹县人韦贤以精通儒经闻名,并因此做官至丞相,四个儿子承袭老父衣钵,也都因研究儒术而身居高官。大家很羡慕韦家的这种传家之术,所以邹鲁地区有民谚说:"遗子黄金满籝,不如一经"(《汉书·韦贤传》)。家族中读书人多,做官的机会也多,既有文化背景,又代代多有做官之人,士林之家很容易发展成为历久不衰的世家大族。一些强宗豪族、官宦宗族也开始重视读经,家族越来越儒质化。到了魏晋时期,这些有文化背景的世家大族就转化为士族了。

中古社会与先秦一样是等级社会,等级的主体以宗族为基本单位。魏晋时政府确立九品中正制,将社会上以世家大族为中心的宗族分成三等九品,造成了"上品无寒门,下品无势族"的情况,这其中上品与下品的差别,便是以"门"或"族"为主体的社会等级的差别,宗族的地位决定了人们的政治和社会地位,宗族的背景影响了人们在仕途中的命运,这是唯出身论的时代。在社会的宗族群体中,士族宗族是其核心,士族宗族形态和组织的变化和发展,影响了整个社会的宗族形态与组织的变化和发展。有士族身份,不是单纯地指一家一户的身份地位,而是包括一家一户在内的一个族群的地位,家包容在族里,宗族被定为士族,族里的家和人才能称为士族,才有了与其地位身份相适应的社会权利和应尽的社会义务,如享有出仕做官优先权、恩荫权和免役权,这些都是以家、族为单位的。

魏晋南北朝时期，政府对士族大规模的划定有两次，一次是曹魏时行九品官人之法，另一次是北魏太和年间的定姓族。前者评定士族的标准，是反映父祖官位状况的"家世"，反映家族门第声望的"品第"，反映个人品行才能的"行状"，当然最主要的还是看前两条的情况，主要是根据家族的社会地位差别确定其政治权利分配的差别。魏晋九品官人法将士人分成上上、上中、上下、中上、中中、中下、下上、下中、下下九品，按品授官。后者定姓族，主要是对当政的鲜卑族贵族划定等第，其原则是"官有世功，则有宦族"，祖宗的官宦状况成了士族出身的唯一标准，宦族即是士族。家族有三代以上人官居五品以上的仕宦之族，划入士族行列，其高门者为"姓"，姓下为"族"。对于汉人宗族，则参考旧籍，作出新的评定，由高及下，分出膏粱、华腴、甲姓、乙姓、丙姓、丁姓六个层级的士族，下四个层级又简称"四姓"（《魏书·官氏志》）。以研究宗族谱牒学闻名的唐人柳芳将魏晋以来著名的大士族按地区分为五大类，即战乱时由中原陆续迁到南方的为"侨姓"士族，以王、谢、袁、萧为代表，前面提到刘禹锡诗中说的王、谢即侨姓士族的首领；东南原孙吴地区的为"吴姓"士族，朱、张、顾、陆最著名；山东地区（指函谷关以东地区）则号为"郡姓"，以太原王、博陵与清河崔、范阳卢、陇西李、荥阳郑地位最高；关中地区亦号"郡姓"，以韦、裴、柳、薛、杨、杜为首；代北地区则为

"虏姓",是由鲜卑贵族转为士族的,元、长孙、宇文、于、陆、源、窦为高门(《新唐书·柳冲列传》)。这26大姓,是各地最有名的大士族,其他著名的士族也还有很多。

士族间等级的确定,是依据父祖上辈官品的高下,因此,高级士族子弟进入仕途,其起家官一上来就是高品级的。做官起点高、升迁快,这是士族身份与特权的标志。梁朝的民谣说:"上车不落则著作,体中何如则秘书"(《颜氏家训·勉学》)。说士族子弟只需能坐在车上不摔下来就可以做著作郎的官,刚会粗写两句身体如何的书信问候套语,就可以做秘书郎了。高级士族子弟一做官多为著作郎、秘书郎等官,既清闲又升迁快,有了这样的资格,以后的仕途就非常通达了。

士族宗族除了在出仕上有优先权外,还有免除徭役的特权,他们没有徭役负担,却占有大量的依附人口,有很强的经济实力。西晋政府明文划定荫庇免除赋役人员的范围:官僚之家,"各以品之高卑荫其亲属,多者及九族,少者三世;宗室、国宾(前朝亡国的皇室成员)、先贤之后及士之子孙亦如之;而又得荫人以为衣食客及佃客"(《晋书·食货志》)。免役不只是个人和其家属,也包括宗族,官越高,免荫宗亲的范围越大,甚至其家内衣食客、佃客这样的依附人口,也可以不向国家纳赋出役。服徭役是平民的事,即使在混乱已极的五胡十六国时代,士族与平民间免役与服役的界限都很分明。后赵石虎时,征役极滥,然而却对"衣冠华胄"特予优免，下令免除皇甫、胡、梁、韦、杜、牛、辛等17大姓望族的差役兵徭，并选拔族中人才出来做官（《晋书·石季龙载记》）。

士族讲究穿着、仪容、气度、语言、饮食，否则就不配做士族。当时人称士族为"华腴"、"膏粱"，史家记载他们时也常形容他们"风仪秀整"、"美风姿"；而讲到庶族出身的官员时，常说他们"庸俚"、"鄙陋"。这种举止风度的差别，是士族与一般人区别身份的重要标志。西晋时嵇绍在洛阳，有人见到他后，形容他在人群之中"卓卓如野鹤之在鸡群"（《世说新语·容止》），典型地说明了士庶之间风度上的差别。刘宋时汾阳士族薛道生，因小事遭到秣陵令、颍川士族庾淑之的鞭挞，他的堂兄薛安都要去报仇，河东士族柳元景劝阻说：令堂弟衣着打扮、言谈语调和小门小户人家一样，虽在士族行列，可哪有气度？庾淑之不知道所以才打了他，你也不要前去怪罪（《宋书·薛安都列传》）。可见士族风范是同士族身份联系在一起的。有些庶族出身的高级官僚，在政治地位改变后，往往努力从言谈举止仪态上改变自己的旧有形象，效法士族的风度气质，学习士族的生活方式，以使自己的政治身份与应有的修养相一致。寒族出身的陈显达做到了南齐太尉的高官，他的儿子们便穿着华丽的服饰，乘坐漂亮的快牛车，手执麈尾蝇拂，摆出士族的派头（《南史·陈显达列传》）。张敬儿原名苟儿（六朝时苟与狗相通），家微粗俗，及至升官拜爵后，也开始学读《孝经》、《论语》，又时常于密室之中，闭门

"学揖让答对，空中俯仰"（《南史·张敬儿列传》），唯恐在官场上被士族笑话。

　　士族以他们优越的身份与典雅的气度高居在社会之上，他们不与庶族交往，更不与之通婚。有的出身寒微的人虽做了高官，尊为国戚，但试图结交士族高门时，却常常碰壁，受到羞辱。庶族出身的路琼之是宋孝武帝母亲路太后哥哥路庆之的孙子，官居黄门郎，自以为身份尊贵。一次到邻居琅邪士族王僧达家去拜访，坐下半天以后不见答理，后来王僧达终于开口了，却问他：以前我们家有个喂马的马夫叫路庆之，他是你的什么亲戚？羞得路琼之赶紧起身告辞。他前脚还没出门，王僧达后脚就命人将其坐过的胡床烧了，嫌他坐过后肮脏。路琼之跑到太后那儿去告状，太后让孝武帝惩治王僧达。孝武帝却说：琼之年少，无事去王家拜访，受到羞辱也不足为怪，王僧达是贵家公子，怎能以此加罪于他？（《南史·王僧达列传》）路琼之虽然是外戚，但出身低贱，在试图结交士族时受到羞辱，也无可奈何，因为士庶不交往是社会的习惯。

　　士族宗族的强大，使它成为社会矛盾的焦点：它同皇帝、皇室贵族争夺对中央政府的控制权；它压抑平民宗族成员的出仕与晋升，双方矛盾尖锐；它同属下的依附民发生严重的等级、阶级冲突。有的王朝也采取一些措施，削弱士族传统权力，缓和社会矛盾，以稳固王朝统治。北魏晚期与梁朝在举孝廉、秀才的选举制方面，或者放宽门第限制，或者改变考试方法，招进一些庶族宗族人才，从而出现了科举制的萌芽。

南朝政府多任用寒门出身的人掌管机要，多少改变了士族垄断政权的状况。由于士族是社会矛盾的焦点，所以在社会战乱中总是成为主要打击对象。东晋后期的孙恩、卢循起义，梁朝的侯景之乱，北朝的六镇暴动都杀戮了一大批士族要人。到唐朝初年，魏晋南北朝时的士族衰落了，残存下来的被视为旧士族，在官宦、财力上都陷于困境，但他们还保持着以往崇高的社会地位。旧士族利用昔日门第名望采取自救，他们与新贵族联姻，获取丰厚聘金，以维持生计。这一发生在旧士族中较普遍的现象，当时人称为"卖婚"。为此，唐太宗多次下诏揭露山东士族无耻，说他们娶妇必要多索陪嫁，嫁女一定要找富家，双方讲论婚姻就如同在市场上做买卖一般（《唐会要·氏族》）。于是唐政府规定了婚姻财礼的数量，限制旧士族卖婚受财。唐高宗则限制最高级士族间的通婚，下令禁止陇西李宝、太原王琼、荥阳郑温、范阳卢子迁、清河崔宗伯、博陵崔懿、赵郡李楷等七姓十家不能相互嫁娶，相互标榜，强迫他们与门第低的家族通婚，又不许广收财礼。不过这种禁令收效有限，高宗朝寒族出身的宰相李义府要求与旧士族通婚，仍遭到拒绝。唐文宗要把真源、临真二位公主嫁给士族，竟很少有人应选。文宗愤愤不平地说：民间联姻，不看现在的官品，只重旧日的门第，我李家做了二百年的天子，难道还不及崔家、卢家吗？（《新唐书·杜中立列传》）这种现象也表明，衰落中的旧士族部分地维持下来，成为唐代士族的一个组成部分。

唐代在打击旧氏族同时，培植和提高新士族的地位。最明显的措施是连续三次编修谱牒。在士族制时代，士族宗族的谱牒大多是官修的，这样才能确保士族的真实性及其权益，并防止寒庶宗族出身的人伪冒士族。唐代的三次官修谱牒与以往有所不同，它的要旨是压抑旧士族，把一大批寒族出身的官僚纳入士族。唐太宗下令修纂《氏族志》，规定以现今官爵高下为准则确定士族等级，经过一番升降取舍，一些旧士族被取消了士族资格，即使仍保留在《氏族志》内的，也和新士族混在一起重新划分等级。于是以皇族为第一等，皇后家族为第二等，原来名列为首姓的山东旧士族崔氏列为第三等，全国士族重新划定为九等。唐高宗和武则天又将《氏族志》废掉，重修成《姓氏录》，此次修谱的原则是，凡有五品官爵者，就可以进入士族行列，甚至过去与士族格格不入的士卒之家，立有军功而爵列五品者，也可收入谱内。这一举措引起旧士族的不满，讥笑其为"勋格"，意思是它不过是一种军功赏格，不配称士族志。这次修谱只收录做官人本身、子孙和兄弟，其他宗亲支属则不能收入，这对人丁多、分支众的旧门望族影响很大，而对原本家族规模不大的新士族则没什么影响。第三次修谱是在唐中宗时，收进谱内的范围更为广泛，于是士族队伍更加庞大。

唐代的士族政策，使社会上存在着一个数量很大的士族宗族集团，但这时的士族与魏晋南北朝时有很大的不同。首先，旧日士族有长期的家族文化、门风积累，几代人的为官入仕，产生不易，一旦出现，持续也长久。而唐朝的规定，使得进入士族者来得快，去得也快，变动频繁，造成士族更具有官的品格，从而使宗族向宋代官僚化方向发展。其次，唐代士族成员身份降低，由于因出仕、军功等途径很容易步入士族行列，士族阶层性比较宽泛，以往士族的高贵程度也降低了。再次，士族垄断政坛的状况业已改变，科举制的出现和完善，打破了士族做官出仕的特权，给其以极大的冲击。

士族的产生是通过九品中正等制度确定的，而士族宗族的衰亡，也正是伴随着中正制破坏与科举制的出现、发达完成的。前面已提及，南北朝有的朝代在选举制方面已放宽门第限制，吸收庶族人才，出现了科举制萌芽。隋文帝开皇年间废除了各郡的中正制，将由各地士族宗族控制的官吏选用权集中到中央吏部，紧接着隋炀帝时又设立进士科，通过科举考试来选拔官吏。到了唐初，科举规模不断扩大，虽然唐代选官仍是科举与靠家族门第推荐的荫举双轨并行，但科举逐渐成为入仕最主要的途径。门荫制越来越受到人们的冷落，官场上人们自我炫耀的是进士出身，而不是门第的高下，包括很多旧士族也舍弃荫举的资格而投身科举考试，以争取功名。士族出身而通过科举进入官场的，与过去的不同之处，是在于他们不是凭借着门第作为宗族的一员出仕，而是凭借着个人的努力由科举而步入仕途，这与其他通过科举入仕的寒庶出身的人没有什么不同，只不过此时旧士族子弟多有家学背景，考取相对容易一些罢了。

士族最终还是退出了历史舞台，五代以后再也看不到他们的踪影，有些家族并非没有后人，只是他们不再世代为官，不能再以冠带传家，不再拥有特殊的社会地位和作用。士族宗族集官宦、社会声望和血缘家族三位于一体，官宦表现在士族宗族的出仕、升迁优先权上，社会声望表现在儒教门风与文化修养上，血缘反映在士族门第婚姻与其宗族谱牒的功用上。科举制使士族丧失了对官职的垄断权和对文化的垄断权，旧士族的卖婚求财使其儒教门风颓坠不振，士族宗族的血亲凝聚力与谱牒世系，又在不断的战乱中受到致命的打击。安史之乱使中原、北方士族遭到一次浩劫，一些人死亡，一些人举家逃到湖南、江西等地，在新的地方成了平民，很难如晋室东渡时能继续保持宗族组织的完整与特权。唐代的农民战争与五代的战乱，进一步消灭了大量的士族成员，记载士族世系，维持士族制度的官私谱牒也多毁于战火或散失殆尽。郑樵在《通志·氏族序》中说："自五季以来，取士不问家世，婚姻不问阀阅，故其书（谱牒）散佚而其学不传。"士族谱牒的散佚与其学说的衰落，表明了士庶界限的泯灭，士族宗族逐渐退出了历史舞台。

（4）官僚宗族

皇族、贵族、士族宗族是特权宗族，从广义上说都是属于贵族的宗族，与之相对的则是平民宗族，他们是没有特权的。在广义的平民宗族范畴中，以其宗族组织的领导者和管理层来看，又分为官僚宗族、绅衿宗族和平民宗族三个层次，其中绅衿宗族与平民宗族的民众性更突出，宗族组织的发展与完善也相对较晚。官僚本人及其家庭是有特权的，但其宗族却不像贵族宗族或士族宗族那样有法定的特权。中古时期常谈到"士庶之别"，这其中的"庶"多是指出身庶族的官僚，这些人可能会是高官，但他们的上辈却不显赫，他们的宗族也不能如士族宗族那样享有各种特权。在分封制与士族制下，平民出身的官僚宗族组织的特点并不突出，到了宋元时期，随着科举制的发展，官僚宗族逐渐取代士族宗族，成了社会上最主要的宗族组织形态。

宋元时代的社会结构与官僚政治同中古时期有很大不同。科举制发展到宋代，科举出身的人成为官僚的主要来源。宋朝把官员的家庭称为"官户"，这些品官之家享有优免田赋差科的权利，科举出身的官员，有的原先家庭社会层次高，而相当多的是一般平民。这一时期买官现象也有所流行，辽朝富人要做官，交纳十头牛、驼或百匹马就可以。金朝多次下诏书，富民捐纳粮食，给予官职。元朝捐官制度更滥，不管什么社会身份，哪怕是工匠、奴仆，只要能捐纳钱粮，就可跻身品官行列。捐纳制度的流行，使得官员出身更趋平民化，宋元时代官僚来源比士族社会时期要复杂、广泛，社会身份更低。宋元时期是以官僚为主宰的社会，官僚的家族背景趋于民众化，它给宋元宗族组织及其活动以巨大的影响，并印上官僚阶层的深重痕迹，使官僚宗族成为社会中宗族的主体。

宋元官僚对于组建宗族组织、恢复宗族活动，表现出相当大的兴趣。北宋的理学家们提出了重建宗族制度的主张和设想，而这种主张和设想的倡导者与实践者，主要是官僚，尤其是高级官僚。无论族田、义庄的设立，私家族谱的修撰，宗规、家训的制定，还是家庙祠堂的建置，都是以他们为主。宋代的宰臣中，范仲淹、张浚等分别创立宗族义庄，实行宗族内的经济互助。欧阳修编写《欧阳氏谱图》，文安县主簿苏洵编修《苏氏族谱》，共同开创了后世的私家纂谱体例，称为欧苏谱例。司马光留心宗族教育和制定家训著作，编辑《家范》、《涑水家仪》。在这些宰臣的表率下，许多官员都积极提倡、主持宗族的活动。三司副使、真定人贾琰，抚养兄弟遗孤，爱之不亚于己子，他又"聚族凡百口"，分给衣食，大家和睦相处，没有怨言，建成一个较有规模的家族。长沙人胥偃，家有良田千亩，中进士做官后，将所有田产分给族人。休宁人查道，青年时曾因家贫无钱赴京赶考，族亲送给他3万钱做路费才得成行。考中进士后，他在京城任左正言、工部员外郎，将孤独的族人团结在一起，散给俸禄、赐赏，加以周济（以上见《宋史》各人本传）。继宋代之后，元代官员的宗族活动继续发展。

宋元官僚宗族的发达，特别表现在官方允许他们建家庙祭祖先的活动上。唐末五代战乱，家庙制荒废，到庆历元年，宋仁宗下诏允许文武官员建立家庙祭祖，但缺乏具体礼制规定，官员无从遵守。皇祐二年，政府定出三品以上官员可以立家庙祭祖的具体制度，允许立庙祭祖的都是高级官员。但维持家庙不易，因为官僚之家很难世代维系爵位品级,所以家庙制未能顺利实施。到了宋徽宗时,规定文臣执政官、武臣节度使以上官僚祭五世祖先,文武升朝官祭三世,其余低级官及庶人祭二世,庙址设在私宅内的左面,或是住宅外侧(《宋史·礼志》)。如秦桧在临安设祖庙于私宅中门的左边,一个大堂分为五室,中间放五世祖先牌位,另四位祖先分昭穆分置东西两边。除秦桧外,南宋还有十几名高级官员被国家批准建立家庙。宋代放宽祭祖限制,也是考虑到当时流行的祭祖习惯,当时低级官员及庶民私祭五世祖先的不少。思想家程颐的家族不够祭五世祖先的条件,但他从宗亲法和孝道伦常的角度出发,还是私自实行了。程氏是理学大家,竟不顾朝廷定制,自行其是,其他人违制祭祖的现象也就更多了。

宋元时期,官僚掌握宗族的多,这一时期的宗族以官僚宗族为代表,可称是官僚宗族的时代。但官僚宗族比之士族宗族政治地位降低,很少有传世久远的高门巨族。在中古时代,士族就是士族宗族,两者一体,政府任用士族人士,也就是士族宗族参与政权。而宋元的官僚与官僚宗族却不能等同,官僚们参政是个人行为,享受的特权也只限于家庭范围,其宗族远比不上士族宗族社会作用那么大,也没有像士族那么多的依附人口。官僚的家庭属特权阶层,而其宗族则属平民阶层,宋元官僚宗族应是由士族宗族向平民宗族过渡的中间形态。官僚的宗族活动,在带动宗族组织向民间化方向发展的过程中所起的社会作用很大,像他们的建祠庙、置族田和义庄、修家谱等，成为平民宗族效法的主要内容。到明清两代，官僚尤其是高级官僚还是很热心于宗族活动，但官僚宗族的特征并不明显，绅衿宗族与平民宗族发达起来。

(5) 绅衿宗族与平民宗族

平民阶层的宗族组织除了一小部分官僚宗族外，最主要的是绅衿宗族和平民宗族（其宗族组织领导人也是平民）。平民阶层的宗族组织是宋以后才发展完善的，以前它只是作为贵族宗族、士族宗族的附庸或从属形态而存在。先秦典型宗法制下有无平民的宗族组织及宗法活动，在学术界是个有争议的问题，不过还是可以看到一些平民阶层宗族活动的迹象。前面我们曾提到，周王将殷民六族整族地分给鲁公，这六族在殷朝是贵族宗族，到了周朝成了被征服者，是平民或农奴身份的人，但他们仍习惯地保留着原有的宗族组织形式。春秋时期晋国内乱，大夫先縠宗族被灭，他的一部分族人被罚为平民与半贱民身份的皂（无爵位的卫士）、隶（罪人），分散到几个地方，但他们团聚不散，后来联合一致同晋国巨宗赵鞅相抗争。作为贵族宗族的先縠氏破落后残存的宗族，也应为平民宗族。但平民宗族既不发达，又属贵族宗族附庸性质。秦汉时期，原先战国时代齐国的田氏，楚国的昭、屈、景氏等贵族宗族已成为没有特权的平民阶层宗族了，但他们仍保持着强宗豪族的状态。士族制时代，平民性质的宗族虽然成分复杂，存在广泛，但他们共同的特征是没有政治上的特权，都承担着国家的徭役义务。

这一时期平民宗族组织与前代相比较为健全,这主要是受士族宗族发达的影响。宋元时官僚宗族的特权家庭与平民宗族相混合,带动了平民宗族的完善和发达。到明清时期,平民阶层宗族成为社会宗族群体最主要的形态,它的宗族组织、宗法活动不再是社会上层宗族的附庸和依附。

绅衿宗族。明清时期宗族组织日益民众化,尤其盛行于长江流域及其以南地区。标志这一群体出现的是宗族祠堂的广泛建立,它是宗族活动的主要场所。主持宗族事务的主要是一些有一定身份的绅衿。绅,也称缙绅,在明清时代基本上指退休的官僚及临时在籍养老侍亲、亲故守丧的官员;衿,泛指有功名的读书人,包括未仕的进士、举人、贡生和秀才、监生(国子监监生、捐纳监生)。有贡生以上功名的读书人都可以做官,但由于人多,官缺有限,不少人取得功名后要在家候补一段时间。所以,绅衿不是官,又非平民,是处于官民间的一种特殊的社会阶层,本人有减免差课的特权,但他的家庭一般是没有的。与官僚相比,他的家庭成员没有特权,所以绅衿们转而谋求社会权益和影响,热心于举办地方公益事业。地方官员要治理好地方,也需要绅衿们的协助,在依靠绅衿的同时,又对其势力予以扶持,绅衿成为区域社会的主宰力量。绅衿在地方上有影响、有声望,与民众最接近,他们深知宗族对自身地位的价值,于是更加热心于宗族活动,着力去组织,加以控制,从而以宗族势力作后盾,提高自身在地方的影响。对一般宗族成员来说，绅衿是有一定政治特权的人，是政府依靠的地方力量、官僚队伍的后备队伍，所以也乐于接受他们的组织和领导。由于这一时期主要是绅衿主持宗族事务，故而可以说，明清时期是绅衿宗族的时代。当然，他们所主持的宗族群体还是属于平民宗族性质，因为平民族人较多地参加宗族活动，是宗族群体的主要成员，更何况有不少主持事务的人本身也是平民。

领导管理者由平民出任的宗族是平民宗族。地主、商人乃至一般农民，有的也能成为族长，因为宗族遍及民间，不是每个宗族任何时期都有绅衿人物出现，所以毫无功名身份的人在这种背景下也会成为宗族事务的主持人。同治《建昌府志》记载宗族建祠的有7例，其中绅衿有3家，平民占4家。民国修的《云阳县志》记载从清朝嘉庆至光绪年间有22家宗祠出现，其中创办人有衿士5人，其余17家均是白丁创设的。浙江山阴人田邦俊是位勤力耕作的农民，"晚居族长，好以善训里人"。他管理族人以劝勉教导方式为主（《欢潭田氏宗谱·鼎和公行述》）。福建永福人鄢瑞龙在家经营商业，仗义疏财，晚年被推为族长，受到众人尊重，"出一言，率皆允服"（《麟阳鄢氏族谱》卷六）。商人热心于宗族事业并主持平民宗族事务的情况不少，建祠堂、修家谱、合族祭祖活动需要不小的财力，商人在这方面有条件。特别是到了清朝中后期，人们对工商业的观念有所改变，工商业者的社会地位有所提高，在这种情况下，宗族往往乐于接受他们对宗族事业的捐助，进而推举他们担负族长之任。

明清时期，绅衿、平民宗族组织的平民性质也与祠堂祭祖有关。明朝初年沿袭宋元制度，贵族、官僚可以设立家庙祭祀高、曾、祖、祢四位先人，只是品官范围比以前有所扩大，但士庶还是不得立庙，只能祭父、祖两代。嘉庆年间的礼制改革，规定士民可以与官僚一样祭四代祖先，并且官民都可以祭始祖和先祖。要祭始祖、先祖等众多的祖先牌位，需要有专门供奉的场所，于是民间宗族开始普遍建立祠堂。这种进行祭祖活动的平民性祠堂，成了包括祭祖活动在内的，族人集体活动与族长施政的主要场所，所以祠堂宗族组织也成了绅衿、平民宗族组织的代称了。祭祖礼制的变化，适应了宗族民众化的发展。

由于越来越多的民众参加到宗族组织之中，以建祠堂为标志的宗族，在规模上有许多是相当庞大的，拥有成千人丁。清朝嘉庆、道光时人张海珊说，南方地区及北方的山东和山西地区多聚族而居，一族"多或万余家，少亦数百家"（《小安乐窝文集·聚民论》）。张海珊是就全国范围讲当时人聚族而居的概貌，各地宗族情况，文献也多有记载。江苏松江府上海县东门陆氏聚族而居，从明朝弘治年间到清朝康熙年间的170多年中，村落"从未有他姓窜入"（叶梦珠《阅世编》）。安徽宁国府旌德县，"大族人丁有至万余，其次不下数千，最小亦二三百人"（嘉庆《旌德县志·风俗》）。宗族人口多，其内部血缘关系也自然复杂，分出的房派就多，宗族不但有总祠、分祠，而且有的分祠多至十几个。

明清时期，宗族群体发展为绅衿领导的以平民为主体的组织，宗族的组织功能也发生了转变，由已往以政治功能为主，发展到以社会功能为主。在政治方面，宗族是历史上宗法政治的工具，起着维护地方社会秩序和保护封建王朝政权的作用；在社会生活方面，它是民众经济上寻求生存互助，社交上发展人际关系，精神上寻找寄托的多功能的社会组织。晚清以来，随着社会结构的变化，封建等级制度的消失，宗族进入了平民制时代。有些宗族还受当时维新观念的影响，倡导实行宗族会议制，限制族长、族尊在族内的特权。宗族组织社会功能的特点更为突出，1909年上海曹氏宗族成立族会，规定宗族要以"联络情谊，清厘公产，保护祖坟，修辑族谱"为自身的主要目标（《上海曹氏族谱》卷四）。

近现代的平民宗族有的保留着传统因素，基本与明清时代一样，没有能反映出变化了的宗族的时代特征，有些则与从前的宗族有了重大的区别。这种在平民宗族中出现的组织上的新特征及社会功能的新特点，在台、港及海外华人社会表现突出。对比大陆传统特点更强的宗族来说，它也许反映了宗族发展的新趋向。因为在这些华人聚居的社会，工业化与近代化、现代化过程比大陆社会要早一些，中西文化交流多一些，传统社会的东西又少一些，所以宗族在发展过程中面临一些新问题比大陆的宗族要早，而它要生存，保持这种古老的群体形式并发展下去，就必须自我调整，以自身的变化去适应社会的变化，加之宗族自身就固有这种应变性的特点,因而出现了一些变异的特色。这样,在近现代平民宗族组织发展过程中,台、港及海外华人社区的宗族社会就具有了一种"特区"示范的特征。

近现代平民宗族这种新特色主要表现在三个方面。

第一,在组织原则和形式方面,近代西方议会制观念在中国传播之后,一些宗族召开宗族会议,决定宗族大事,以此削弱族长权力。前面讲到的上海曹氏宗族就是如此。该族会管理人员,由议长、副议长各1人,评议员10人,契券保管员、会计、庶务、文牍各1人,征租2人共同组成;"均用投票法公举",任期一年,宗族于冬至大会时改选,可以连选连任。宗族成员16岁以上有选举权,25岁以上有被选举权。在我国香港和台湾,以及南洋、美洲等地区的华人社会中则出现宗亲会组织,宗亲会有恳亲会、联宗会、亲睦会、祭祀公所、宗祠董事会等多种名称。宗亲会均实行理事会、监事会管理制度,取消族长制。兹以台北朱氏宗亲会为例,其理事会由理事25人、候补理事2人组成,理事由会员大会从会员中无记名投票选出,理事会选出常务理事,并从中选出理事长。理事会"综理日常会务,对外代表"朱氏宗亲会,其职权是:执行委员大会决议案,召集会员大会,执行法令及宗亲会章程所规定之任务。理事会下设办事机构:由总干事、干事若干人组成,均由理事长聘任、免职。朱氏宗亲会监事会由监事7人、候补监事3人组成,监事亦由会员大会无记名投票选出,并由监事会选出常务监事1人。监事会的职权是监察理事会执行会员大会决议情形,审查理事会处理之事务,稽核理事会之财务收支。理事会、监事会、会员大会三者的关系,在朱氏宗亲会章程中有明确规定:"本会以会员大会为最高权力机关,休会时由理事会代行其职权。"即会员大会为朱氏宗亲会最高权力机构,由其议决宗亲会的重大事务,交理事会执行,而监事会则是监察理事会执行决议的情况(《谱系与宗亲组织》,台湾宗亲谱系学会1985年编印)。

第二,传统血缘原则受到一定破坏,并实行男女自愿入会。宗亲会吸收成员以同姓为原则,甚至异姓联宗,合数姓于一组织,不再像过去严格执行排斥同姓不同宗的法规。新修的族谱、会章同时承认赘婿、异姓养子的成员权利。男性系统的血缘原则放松了,拓宽了成员的来源。宗亲会吸收女性成员,改变了过去宗族纯粹是男性天下的状况。如香港袁汝南堂宗亲总会章程关于会员条件的条文是:"凡属宗亲,不论籍贯、性别及男会员之直属亲属(即母、妻),均可申请入会,但须填具志愿书,并由会员一人介绍,经理事会审查通过为有效"(《袁汝南堂宗亲总会有限公司注册章程》)。这不仅表明女子可以以个人资格入会,而且表明宗亲会与传统宗族不同,它是个人会员制,不像传统宗族人们以家庭为单位参加宗族活动,且无自愿性,由此表明宗亲会具有近代社团性质。

第三,宗族功能发生变化。在近代,有的宗族规约中有反对吸食、贩卖鸦片烟的条文,表现出爱国主义精神；许多在海外的宗亲组织，参加反封建的革命活动，成为反对清朝的社团。在现代，有些宗亲会宣扬保持中华文化传统，宗族政治功能随着时代的变化而变化。不过，从总体上说，宗族的政治功能削弱了，它的社会功能变成最主要的了。近现代以来，宗族的互助功能大大加强，济贫、助学等成为多数宗族的奋斗目标。族人之间互相介绍职业、代打官司，宗族组织文化娱乐活动、开展旅游和访亲寻根等活动，并进行宗族历史研究，赞助学术研讨会等。近现代的宗族组织，由宗族向宗亲会转变。它基本上还是宗族组织，具有宗族的一些职能，但有巨大变异，其宗法性已大大削弱。

　　我们将宗族的构成分为王族与皇族、贵族、士族、官僚、绅衿、平民等不同类型，是因为宗族的结构与社会的等级结构相吻合。等级结构除了将人们分为上述几等外，还有社会地位低于平民的贱民、半贱民等级，如佣工、奴婢及当时人认为从事低贱行业的人们，这些人一般形不成宗族组织，多是贵族、官僚阶层的依附人口，古代社会能形成宗族组织的是平民以上的社会群体。从各类宗族组织的发展历史看，有一个民众化的过程，即由有特权的贵族为基本成员的群体，发展到以平民为主体的组织。宗族的领导人与管理阶层，由社会上层的王族、贵族、士族、官僚，逐步发展到绅衿、平民以及从平民中经族人议选的宗亲会负责人。各种类型的宗族在一定的社会中可能同时并存，但平民宗族的组织形式最为完善，在整个社会宗族群体中起主导作用。

2 宗族的结构

宗族群体不仅依其在社会上不同的政治地位，形成各种不同的类型，而且在每一宗族内部又分出亲疏不同的派系。始祖虽是一个人，所谓"一本"，但一代代传衍下来，人数增多了，血缘关系也复杂了，于是族众之间便分出支派，这群人是这一派系的后裔，那群人是另一派系的后裔。这种血缘上派系的划分，古代人们称为大、小宗之分或房分之分，有的派系是大宗派系，或者叫长房派系，有的是小宗派系或者叫二房、三房……派系。时间再延续，以房分区别也不足以表示人们之间的关系，于是在房分之下又分出子房分，原来大的房分就成为宗族的支派，成了支族或分族。这些支族、房分的派系内，也出现了宗族的权力分布系统，形成了宗族的内部结构。了解宗族的内部结构，对宗族的组织与活动及不同时期的不同特点，也就会有更明了的认识。

前面讲先秦分封制下的王族与贵族宗族时，屡屡提到了大、小宗法，在天子的王族、诸侯的公族、卿大夫的家族内，天子、诸侯、卿大夫、士都以嫡长子的身份继承父位，为大宗，也称"宗子"，是各自所在大、小宗族内的宗族长；嫡长子的同母弟与庶兄弟分封出去，为小宗。大宗代代相传，都以嫡长子系统传下去，叫做"百世不迁"。凡始祖的后人，不论亲疏远近，都要尊奉大宗宗子，接受他的治理，而且这种关系是永远不变的。小宗下传五代后,便与大宗丧失关系,这是小宗亲亲属范围,叫"五世而迁"。所以小宗尊奉高、曾、祖、祢四世祖先(四亲),加上己身为五世,大宗则可奉祀始祖、先祖,没有代际限制。大小宗宗法制,就是通过这种区别,确定了宗族内部成员间不同的政治地位与权利的分配,大宗一系尊贵,居于领导地位,小宗一系卑贱,居于服从地位。这种尊卑关系具体表现在祭祖权与财产权上。

族人要人人尊祖,但祭祀的权力、祭祀祖先的代际,却因大小宗之分而不平等。不是所有的族人都有祭祖的资格,只有大宗才有祭祀始祖的权力,小宗则没有,只能祭四亲,而没有爵位的宗人则连四亲也不能祭,只能祭父祖两代。大家都必须尊始祖而又无权祭祖,所以只能敬那个能祭始祖的大宗了。宗子拥有宗族公有财产的支配权,宗子要"收族",要将土地分给他的弟弟们和族人,将他们聚拢在自己的周围,就如同天子将土地和人民分给诸侯,诸侯又将土地和人民再分给卿大夫一样。这样,大宗通过主祭始祖的特权与经济上的"收族",确定了自身在宗族内的尊贵地位与宗族长的权力。

宗子还有管理宗族事务的责任,庇护宗族的义务,并掌握对宗族成员的处分权力,甚至握有生杀大权。鲁国的叔孙昭子即位为叔孙氏宗子后,马上召见族众,宣布宗人竖牛的种种罪状,声言"罪莫大焉,必速杀之"。竖牛闻讯后,吓得逃到了齐国(《左传》昭公五年)。楚国郧公辛的父亲,早年被楚平王所杀,后来平王的儿子昭王在与吴国的作战中惨败，狼狈地逃到了郧，辛的弟弟怀打算将昭王杀掉，来为父亲报仇。他对兄长说：当年平王害了我们的父亲，今天我要杀掉他的儿子，这总公平吧？辛则从全宗族利益来考虑，认为杀君日后会带来"灭宗废祀"之祸，而且在别人危难时下手，也不仁不智，坚决不同意怀的做法，并警告弟弟："必犯是，余将杀女（汝）"（《左传》定公四年）。由此可见宗子对族人的权力之大。

宗子宗法制只是在周代实行过，大小宗之分也仅是在贵族宗族内部划分亲疏关系的一种准则，它和当时与之并行的分封制结合在一起。到了后世，人们往往仍将长房比为大宗，次房以下比为小宗，然而并不能实现大小宗法制原则，只是保留了一个空壳的形式而已。后世既没有世卿世禄的分封制，也无百世不迁的大宗支系，宗子又不能分给族人土地，实施"收族"，所以宗子为宗族长的宗法制，只在典型宗法制时代的周朝实行过。后世有的宗族虽也设有宗子，但这时的宗子只是族中的尊长辈，主持祭祀典礼，一般没有实权，能控制宗族的是宗主或族长，大宗长房一系也不一定会因血缘关系而处于尊贵地位。

宗子宗法制破坏以后，除了在皇位与贵族爵位的继承上，有的时期还要强调嫡长子的大宗支系外，对绝大多数宗族来说，大、小宗之辨，只是区别宗亲的一种法则，并不一定表示尊卑的差别，其实用房分之辨更为恰当。在士族制社会，九品中正制将社会上的宗族分成三六九等，品第高的士族做官容易，升迁也快；门第低的人家做官难，升迁的机会也少。房支间的兴衰与子孙官宦是否显赫有密切关系，它造成了各房支间在政治、社会地位上的差别，这种差别有时非常明显。因此，房分结构也表现为等级结构，但中古社会这种房分间的等级差别与先秦时宗族内的大小宗尊卑关系是不同的，它们在宗族内往往是一种主次关系，而且显赫的房分不一定是长房。

　　房分的等级层次，在士族宗族内最为突出。许多大士族源于汉魏，经过若干代以后，昭穆疏远，分支间的差别已非常明显。以魏晋时大孝子王祥、王览兄弟为先祖的有名的琅邪王氏宗族，到南朝初年有了马蕃巷（或称马粪巷）王氏与乌衣巷王氏房分之分。马蕃房是东晋著名宰相王导的后人，贵盛显赫，为膏腴之门；乌衣房是王导的侄子、书圣王羲之的后人，家道衰落，虽仍为士族，但官宦远远比不上前者。当时士族高门一向不屑出任不是清贵的台宪官职，马蕃房的王僧虔却被任命为南齐的御史中丞，他一肚子不高兴，发牢骚说："此是乌衣郎坐处！"认为与乌衣房做一样的官，是一种耻辱（《南史·王僧虔列传》）。同为士族名门，但两房差别悬殊。北魏初年，朝廷挑选皇族中亲近贤能者坐镇北方边地，又分配一部分鲜卑贵族高门子弟协守，这样在贵族中就分为在京城的支系与在边地的支系。经过几代以后，到了北魏后期，那些本来显赫的边地贵族子弟，他们的后代因远离京城，做官升迁的机会不多，逐渐衰落下去；而那些留在京城的子弟后人，则因在天子脚下，升迁容易，两者之间出现了明显的政治地位差别（《魏书·广阳王深列传》）。他们之间主次地位变化了。唐代主持修纂《氏族志》的高士廉说著名山东士族崔、卢、李、郑四姓之内，又"第其房望"，就是说一个家族内的房分，因房望不同又分出高下等级（《新唐书·高士廉列传》）。

显赫的房支，一般为强有力宗支的中心，强宗又常控制着整个宗族，而宗族又为本地同姓所尊崇。高门一房的房长，虽然不一定是大宗宗子，但常兼为宗族长。如河东汾阳薛安都的宗族，"世为强族，同姓三千家，父广为宗豪"（《宋书·薛安都列传》）。薛广就是出身于强宗的宗族长。

中古社会的宗族长多称为"宗主"，有时也称为宗长、宗豪等。"宗主"这个词虽然在先秦时也偶指宗子，但在这一时期却与宗子没有必然的联系。出任宗主的多有家族政治势力或本身就是官员、将领。北魏前期实行宗主督护制，表示政府承认宗族长对该宗族的管理，并将其与赋役制联系在一起，宗主既是宗族长，又是闾里长，为政府催课赋役。西魏、北周时，宇文泰下令任命当年随他入关的功臣为其本族的宗族长，他们兼族长、官员二任于一身。

宗主的权力要比以往的宗子的权力小多了，但比起后世的族长还是大的。族权与政权（主要是基层的）有时能结合在一起。宗族长在宗族内的祭祖、聚会、解决矛盾、赈济穷困族人、抵御灾乱等活动中，发挥着主导作用。西晋之际，范阳祖氏亲族数百家向南流亡，公推有谋略、能主断的祖逖为首领，率领宗族迁徙到京口侨居。在迁徙途中,祖逖将自家的衣粮分给族众,将自己的车马让给那些老弱族人乘坐,自己则不怕辛苦,为人表率,深得宗族信赖,于是"少长咸宗之",以他为宗长(《晋书·祖逖列传》)。在战争动乱年代中流亡或结寨自保的宗主,对同宗成员有相当强的控制力,非常时期还掌握着生杀大权。如北朝赵郡人李元忠,率领宗族建立寨垒,保族自卫,垒中法度极其严厉,他曾"坐于大檞树下,前后斩违命者凡三百人"(《北史·李元忠列传》)。有的寨垒甚至像一个小朝廷,有自己的律法与礼制。带领宗族及附从进入徐无山的田畴,为约束众人,制定法规20余条,"法重者至死,其次抵罪",另外还颁布了婚嫁之礼(《三国志·魏书·田畴传》)。

宋代以来,随着科举制的发达与祠堂在民间的广泛设立,宗族中长期显赫不衰的房分宗支已很难见到,由某一宗支房分长久控制族权的局面也很难形成了。房分之间的地位是平等的,这种平等地位,最明显地反映在平民取得祭祖权上。祭祖不再有血缘上的区别与身份上的限制,不是大宗之家与官员之家者,也都有祭始祖和四亲的权力。以建祠堂为标志的宗族,大族不但有统一的祠堂,称大宗祠、宗祠,还有许多小宗祠、支祠、分祠等,为各个支派的祠堂,因而祭祖祠堂的建设,也反映出宗族内部结构的状况。一些大族,族人散居于不同的省、府、县,他们通过联宗修谱,形成一个宗族群体。如湖南平江叶氏系由湖北蒲圻迁出,蒲圻仍为平江叶氏的本宗,清朝乾隆年间两地族人互认同宗，联合修谱，叶氏的房分有中字、永字、胜字等二十四派。由上可见，祠堂制下的宗族内部结构，在一般宗族是宗族—房分；在大的宗族是宗族—房派—支派；异地联宗的宗族则是始居地宗族—徙居地宗族—房派—支派。与此相适应，宗族依房分结构建立不同类型的祠堂。通常的情形是分别设立全宗族或始居地的宗祠、大宗祠，房支派的支祠、分祠。

在祠堂制下宗族的这些房分之间的关系，不同于先秦大小宗间那种尊卑关系，也不同于中古时期那种常见的主次关系，他们一般是平等的，大宗祠派与分支祠派之间只是宗亲范畴的区分而已。所谓"族必有祠，合姓祖先统萃于此；服之亲者，则又为支祠"（嘉庆《宁国府志》）。当然，也有一些望族和望支，这主要是由于它们的科举功名发达罢了。清代江苏武进庄氏宗族，"非有赫赫之武功，煌煌之伟绩，而自明至清世为右族"。该族所以成为望族，原因在于重视宗族教育，出了很多科举人才。庄氏在明朝弘治以后六世间，累计男性98人，人口不多，但出了进士6人，举人6人，秀才等27人，宗族发达，成为望支，就不足为怪了（据民国《毗陵庄氏族谱》卷三《世系录》、卷九《科第》表统计）。

祠堂制下宗族的宗族长一般称为族长，其下的房支设有房长或房头。族长的称谓宋以来比较常见，也比较通俗，当然有的宗族也沿用宗子、宗长的称呼。从形式上来说，常见的方式是族长为大家公推，不能世袭，一般都选择那些辈尊年高，品行声望能服众者担任。实际上，宗族多控制在官僚、绅衿及有钱的富人手中。族长管理全族事务，房长主管本房事务，同时协助族长处理全族的一些事情。广东博罗林氏规定："族内设立族长，以主族事；五房立房长，管理房中事务，帮理族事。除事关重大者，会众料理，其余一应事务，俱各房长公同任之"（宣统《博罗林氏族谱》）。族长行使族权，主要是管理祠堂，靠祖训、族规来约束族众，而不以个人意志行事。族权很少与乡村政权结合在一起，族长的权力远远小于以前的宗子权和宗主权。

3 五服、九族与宗亲法

前面谈宗族的内部构成时已涉及大宗之亲、小宗之亲，大宗之亲范围大，包含很多远亲，小宗之亲范围小，限于近属。亲属关系的远近，通常是以人们间的五服关系以及三族、九族等范畴来确定。亲属范围的确定，是宗族内部房分结构划分的根基。当然，没有成立宗族组织的亲属，也有五服与三族、九族的区分，而在宗族组织发达的时期与地区，这种区分就显得更重要了。而且，亲属范围的区分，不只是宗族、亲属内部的事情，也是社会确定人们的权利与义务的一种尺度，它使宗法精神渗透在古代的法律与政治之中，即实行宗亲法原则。所以我们不但常常能在宗族的宗谱中见到五服、九族亲属图，也能常在政府制定的律法中见到。

（1）五服与九族

五服，即丧葬五服制。在古代丧礼中，生者与死者因宗亲关系的亲疏不同而穿着不同规制的丧服，而且守丧时间也不同。小宗亲祖先为高祖、曾祖、祖、父四亲，加上己身为五世，再由己身向下延及子、孙、曾孙、玄孙，也是五世，这样从高祖至玄孙为九代。这还包括了高祖的所有子孙，即叔伯曾祖及其子、孙、曾孙，叔伯及其子、孙、曾孙；曾祖姑以下的各种姑、姊妹、侄女、侄孙女、侄曾孙女；还有自己的妻子及上述男性成员的配偶。这些人中若有亡故，活着的人就要为他（她）穿孝服戴孝。由于人们在宗族中有辈分、房分、嫡庶、长幼、性别及女子出嫁与否的差异，因而有不同的服丧办法。政府定五等丧服制度，这就是斩衰（音催）、齐衰、大功、小功和缌麻五服。

斩衰：服丧期为三年，穿最粗麻布制的孝服，不缝下口，所以叫斩衰。服这种丧者是儿子为父母，未出嫁或被休在家的女儿为父母，儿媳为公婆，继子夫妻为继父母，庶子夫妇为生母、嫡母，嫡长孙（承重孙）为祖父母、曾祖父母、高祖父母，妻为夫，妾为家长。

齐衰：服丧期分一年、五个月、三个月不等。服此丧要依服丧者与丧者的关系确定，服丧者穿稍粗麻布做的丧服，缝下边，所以称齐衰。服这种丧者是嫡子、众子夫妇为庶母，子为改嫁母、被出母，夫为妻，孙、孙女为祖父母，出嫁女为父母，祖为嫡孙，父母为嫡长子夫妇、众子及未嫁女，侄为伯、叔父母及未嫁之姑，已身为亲兄弟、未嫁姊妹及亲侄、未嫁亲侄女，以上都是服丧一年；曾孙、女为曾祖父母，服丧五个月；玄孙、女为高祖父母，服丧三个月。

大功：服丧期九个月。穿粗熟麻布做的丧服，经过粗略加工，故称"大功"。服这种丧者是为堂兄弟、未嫁堂姊妹、出嫁姑和姊妹，出嫁女为本宗兄弟、兄弟之子、本宗伯叔父母、姑、姊妹，妻为夫的伯叔父母、祖父母，祖为众孙、未嫁孙女。

小功：服丧期五个月，穿加工较细的熟麻布衣。服丧者是为伯叔祖父母、堂伯叔父母、再从兄弟及未嫁的再从姊妹、已嫁同堂姊妹、未嫁祖姑与堂姑、兄弟之妻、外祖父母、舅、姨、外甥、外甥女，出嫁女为本宗堂兄弟及未嫁堂姊妹，妇为夫之姑及夫之姊妹。

缌麻：服丧期三个月，穿稍细熟麻布衣。服这种丧者是为曾伯叔祖父母，族伯叔父母，族兄弟及未嫁族姊妹，未嫁曾祖姑、族祖姑、族姑，族伯叔祖父母，姑、舅之子，两姨兄弟，妻之父母；出嫁女为本宗伯叔祖父母、未嫁祖姑、堂伯叔父母及堂姑。缌麻是五服中最轻的。

丧服制以父系宗亲为中心，母亲与妻子的亲戚则称为外亲。在五服内的女性成员中，男性配偶（母除外）、出嫁的本宗女子，都要比她们的丈夫或未出嫁时降低丧服等级。五服制的意义，并不只在于持服者为故去亲属穿什么制式的丧服，重要的是通过丧服的轻重，指示着亲属关系的亲疏远近，所服丧服愈重，持服者与死者关系愈近，反之愈远。五服之内的亲属属于近亲，出了服的亲属则是远亲了。

丧葬五服制以这么繁杂琐细的内容确定亲属关系与范围，没有图表实在难以记住与理解。所以政府的律法与宗族的族谱中常载有五服亲属图。除了这么细致划分亲属外，还有常见的"三族"、"九族"等概念，用以粗线条地确定亲属范畴。

"三族"指的是哪个范畴的亲属，大体有两种不同的解释。一是指父族、母族、妻族各一；二是指父、子、孙三代家庭，或指父、子、孙三代兄弟，或是父母、兄弟、妻子。前者除了包括本宗成员外，还包括外祖父与岳丈家族的外亲成员；后一种只是指父系本宗的成员，三族是指直系或加上旁系兄弟的三代人。

"九族"也有两种不同的理解。简单地说，一是说父族四、母族三、妻族二，共九族。其中再区分，如在父族四中，父亲家为一族，父的姊妹（即姑家）为一族，己身出嫁有子的姊妹（即外甥家）为一族，女儿出嫁且有子的（即女婿、外孙家）为一族，此为父之四族。二是指父系本宗上自高祖下至玄孙的九代人，与我们前面提到的五服亲属范围相近。

三族、九族存在两种说法，在礼与法的应用上并不是很严格，它们的内涵也有着变化。一般在魏晋以前，三族、九族等概念在社会上礼与法的应用上常包括外亲亲属，到后来则多指父系本宗三代或九代人。除了三族、九族外，还有五族或十族等概念。

（2）宗亲法的实行

人们常用"人情大于国法"来说明在执行法令时，

很难摆脱人情的干扰。在古代社会，人情与王法并不对立，人情往往入于王法，常用宗法之理代替是非来判断有罪与否，用明朝建文帝的话说是"屈法以伸情"（《明史·刑法志》）。各朝代法律的名例、户婚、斗讼等各类律文中都实行亲情法原则，在法律中就明文规定应以情代法。依照亲情法，国家加重或减轻对罪犯的处罚。这亲情便是以人们相互间的五服关系来确定。涉及五服关系的律条主要有以下一些。

八议中的"议亲"条。前面我们已提及，八议的第一条就是议亲，这是专为皇亲国戚设立的，被议的对象是皇帝袒免以上亲，即五服宗亲，以及五服以外的高祖兄弟的裔孙，可以说是"六服"家族了。此外，还包括皇帝的外亲，即太皇太后、皇太后的缌麻以上亲，皇后的小功以上亲。凡属以上范围的人，触犯律法都要依据"议亲"的原则，从轻处分。同时在司法程序上，对这类人犯罪是否立案，主管衙门要请示皇帝，批准后才能立案审理。至于结案，主管只能提出处理建议，最后要由皇帝决断。

十恶中的"不睦"、"不孝"、"恶逆"、"内乱"条。人们常用"十恶不赦"一词形容某人犯了不可饶恕的大罪，在古代社会里，这确实被载入律法之中。《唐律》中明载这十恶是：谋反、谋大逆、谋叛、恶逆、不道、大不敬、不孝、不睦、不义、内乱。其中第四条"恶逆"罪指：殴打与谋杀五服至亲，包括殴、杀祖父母、父母，杀害伯父母、姑、兄姊、外祖父母，妻子杀害丈夫、丈夫的祖父母、父母。第七条"不孝"

罪指：告发、咒骂祖父母、父母，祖父母、父母健在而分家另过，又不好好赡养；在为父母守丧期间娶妻、出嫁；在外做官之人闻听祖父母、父母亡故消息，不报告朝廷请假回乡奔丧；谎报祖父母、父母死亡。第八条"不睦"罪指：谋杀及出卖缌麻以上亲，妻子殴打、告发丈夫及大功以上尊长、小功尊属的。第十条"内乱"是指奸小功以上亲、父祖之妾及通奸者，属于族内乱伦罪行。凡是犯了十恶罪，定罪从严，遇有朝廷大赦，也不包括这些人。

宗亲相犯的律条。宗亲之间的打骂伤害事件，根据双方的服制关系，给一方加刑，给另一方减刑，这是古代律令中常见的原则。用《明史·刑法志》上的话说："族亲有犯，视服等差定刑之轻重。"如明朝具体律令有：凡谋杀高祖父母、曾祖父母、父母、期亲尊长（服丧齐衰一年的尊亲）、外祖父母，妻谋杀夫及夫之祖父母、父母，不论有无创伤，判处斩立决（斩刑，立即执行）；如若致死，则判凌迟处死。凡殴打高、曾、祖父母，父母，不论是否有伤，也判处斩决，致死则处凌迟。凡谋杀缌麻以上尊长，已成伤的，判绞刑，立决；致死的，判斩立决。相反，若是尊长谋杀缌麻、小功、大功亲属之卑幼之辈，依据亲等，不成伤的，判杖刑、徒刑，成伤的加刑至杖刑、流刑，致死的判绞刑监候执行（押监待秋后审决）。从政府量刑规定可知，卑幼侵害尊长与尊长侵犯卑幼，处刑相差悬殊，一方是动辄判处死刑立即执行，甚至凌迟处死；而另一方则是杖刑、流刑，绞监候已是重罚了。

人们在宗法中的地位，充分反映到法律上了。法律保护尊长而压抑卑幼，如果与平常人之间的犯罪处刑作一尺度对比，这种倾向更为明显，对卑幼犯罪处刑比常人重得多，而对尊长犯罪处刑又比常人轻得多。宗亲法将宗法名分伦理关系法律化，强化了宗族内部结构的等级关系。这种"屈法以伸情"的做法，在实际案件的处理上，更暴露出其不公平性。兹举一例，清代乾隆年间四川的陈家，兄陈昌已死，妻赵氏无子嗣，陈昌弟有子元书、元格，元书有童养媳刘氏。赵氏想让夫弟一房绝嗣，逼迫刘氏帮她行凶，杀死元书，还要加害元格，被刘氏制止。案发，刑部拟将赵氏"照谋杀卑幼律，拟绞监候"，又恰赶上大赦，予以宽免死罪；对刘氏则按谋杀亲夫律，凌迟处死。御史范廷楷上奏提出异议，认为赵氏要绝夫弟的后嗣，是犯了十恶中的"不睦"条，应判死罪；而刘氏系卑幼受指使犯罪，凌迟极刑未免过重。乾隆帝说刑部的拟议符合法律条文，但太不合情理，指示刑部重新提出意见。刑部就此复议，仍坚持原来的定刑。乾隆帝最后裁断：赵氏绞监候，不许宽赦；刘氏因未完婚，判斩立决（《清高宗实录》卷三八四）。在这起命案中，同是杀人，而且赵氏为主犯，刘氏为从属，只因尊长卑幼关系不同，刑部依照律文和案例，便轻判赵氏而重判刘氏，处刑极不合理。

轻侮法。东汉章帝年间，有人因他人侮辱自己的父亲，便杀死那人，章帝原谅凶手是为父复仇，宽免了他。此后在处理类似案例时参照它来定罪，还形成了"轻侮法"的律条。这是为讲孝道而定的法，为此而不讲杀人抵命的原则。虽然此法实行一段时期后，朝廷怕因此会引起民间复仇凶杀命案增多，取消了"轻侮法"，但类似的做法仍被保留在后世的律法中。唐律的斗讼律中有"祖父母为人殴击"条，就规定：祖父母、父母被人殴打，子孙去报复，若对方没有伤残，不处理；若伤残，照凡人相互斗殴罪而减三等处刑；若将对方致死则不能减刑。

容隐法。儒家伦理讲"父为子隐，子为父隐"，这也影响到律法上，父子可以互相为对方隐瞒包庇，不算犯罪；而且，如果父祖有罪（谋反大逆罪除外），子孙去告发，子孙还要被治罪，以此维护亲情与尊长地位。北魏的法律规定："子孙告父母、祖父母者死"（《魏书·窦瑗列传》）。《唐律疏议·名例律》中有"同居相为隐"专条，同居是指有共同财产、共同生活在一起的宗亲及部分外亲，如大功以上宗亲，外祖父母，外孙、孙媳妇，丈夫的兄弟及妻子，都可以互相包庇，不能揭发。从南朝以来，历朝法律还规定：审案不能用被告的子孙、弟弟、妻子来作证，否则"亏教伤情，莫此为大"（《宋书·蔡廓列传》）。子孙不但可以不去作证，而且有时毁掉物证以包庇父祖，也可以得到从轻处罚。清代江苏布政使彭家屏在河南原籍藏有禁书，乾隆帝下令抄检其家，其子彭传笏听到风声后，先行焚毁禁书，毁掉证据，试图隐匿父罪和保全家庭。事情暴露，彭传笏以子为父隐的缘故，获免死罪（《清史稿·彭家屏列传》）。如此重视人伦亲情，讲究父慈子孝，情理重于国法，又是屈法伸情的典型事例。

在情与法的关系上，法律处理宗亲之间的犯罪，可以归结为两个方面：第一，以伦理压过是非，即视血统亲情判断事情的曲直；第二，袒护尊长，压抑卑幼，以法律武器强制贯彻宗法等级和孝道。这些屈法伸情的做法，都是以亲属的五服关系为依据的。除了以五服关系作为量刑和制定法律的依据外，三族、九族的亲属范畴在一些特别时期，也常是政府施刑尤其是滥刑所用的株连尺度，历史文献中不乏灭三族、五族、九族以至十族的记载。

关于灭族的事，人们知道戏曲中《赵氏孤儿》的故事。史书记载屠岸贾灭赵氏，是"杀赵朔、赵同、赵括、赵婴齐，皆灭其族"。赵朔在晋为公族大夫，宗族规模不小。赵同、赵括、赵婴齐都是他的伯父，这个家族，只侥幸逃脱了赵朔的遗腹子赵武一人。后来赵武长大，又族灭屠岸贾之族。春秋时灭族之事常见，如赵武的孙子赵鞅时，执政的赵氏等六卿，"以法诛祁氏、羊舌氏"，将二氏封地分为十县，各分给自己的宗族（《史记·赵世家》）。这种灭族是整族的灭掉。具体划定灭族的规模，则是在战国初秦国的商鞅变法之时，制定了夷三族的刑法。秦朝末年，丞相李斯便被秦二世与宦者赵高处以夷三族之刑。

凡是乱世，灭族的事例就层出不断，魏晋南北朝时期尤多。曹魏末年，司马氏夺取曹魏政权，常以灭族高压手段对付政敌。北魏时期社会动荡，灭族法严厉，北魏早期的法律规定，凡犯大逆罪，"亲族男女无少长皆斩"(《魏书·刑法志》)。后来稍轻一些罪的灭族法条文有灭五族、三族、一族（一门，即一户）之分。清河士族、司徒崔浩因国史案而灭族，连姻亲范阳卢氏、太原郭氏、河东柳氏都遭到灭族之祸。在这场劫难中，只有极少数人能侥幸逃脱。崔浩母亲卢氏的娘家侄孙卢度世在捕杀之列，卢度世逃到高阳郑罴家躲藏，捕吏追至郑家，郑罴长子被拷打致死，也未吐露出卢的下落，这样卢度世才保住了命。崔浩妻弟郭洪之连坐被杀，其子郭祚只身逃亡，因年幼相貌少为人知，才未被人们认出落网。魏孝文帝即位后曾减轻亲属连坐酷刑，规定灭族者"其五族者，降至同祖（指祖、父、己身三族），三族止一门"(《魏书·高祖纪》)，但仍保留了族刑，只不过是范围小了。到了隋朝时，竟有了灭九族之事。贵族杨玄感起兵造反，炀帝盛怒之下，灭了他九族。唐末五代政局动乱，军阀混战，杀人极滥，常是整族整族地诛杀，如淮南节度使的部将吕用之，"诛所恶者数百族"(《新唐书·高骈列传》)。义胜军节度使董昌一次就打算族灭五千余姓。后梁太祖朱温族诛河阳节度使王师范，其在洛阳的宗族二百多人同时被害。刑前，王师范召宗族相聚家宴，少长按次序排坐，他对行刑使者说：死固然不惧，只怕这么一块杀，乱了昭穆次序，没法见地下的祖先。结果，酒过一遍之后，行刑者按照他的要求，以尊长卑幼顺序，先后逐个杀戮(《新唐书·王师范列传》)。

五代以后，亲属连坐案比以前少得多，人们主张对于犯人处分不要轻易杀戮妻孥和灭族。但在非常时期还是可以见到灭族之事,如明成祖朱棣因靖难之变灭了方孝孺的十族,除了九族亲属外,还有他的朋友和学生。施行族诛时,官吏拿着犯臣的族谱按谱索人诛杀。建文帝朝左拾遗戴德彝,不屈服于明成祖,与兄弟同在南京被处死,其嫂项氏在家乡奉化闻听灾变,想到会有灭族之祸,急令聚居的宗族携家小迅速亡命他乡,将德彝的两个儿子藏匿深山之中,并焚毁戴氏族谱,只独身一人留在戴家。官吏抓捕至其家乡,由于没有了族谱,族人又多逃光,竟无从追捕、族灭,将项氏押到京城百般拷问,项氏始终不发一言,戴族因此而成脱网之鱼,获得了保全(《明史·戴德彝列传》)。

亲属连坐法的族诛之刑极其残酷,是野蛮的法律,它之所以在古代表现得那么严重、恶劣,同当时宗族主义盛行有关。正因为宗族力量比较强,政府以连坐法作为控制宗族的一种手段,这从一个侧面说明了宗族团体的存在与活动的状态。宗亲法律上的连带责任与对其权利的保障是相辅相成的。从另一个方面看,一人得道,亲族荣宠得利也是常见的。西晋政府划定免除赋役人员的范围,官僚按其家族品第高低"多者及九族,少者三世"(《晋书·食货志》)。至于宗族成员做官入仕的种种特权,就更不用赘述。宗族群体成员,往往是一损俱损,一荣俱荣。所以亲属连坐法施行程度的轻重,恰是宗族力量强弱的反映。魏晋南北朝时期族诛法肆虐,这也正好是士族宗族制盛行和表现出强大力量的时候。

四 宗族教化与族人生活

祖先崇拜、慎终追远的观念是祭祖与宗族活动的精神核心，将族人凝聚在一起，组成团体；同样，宗族团体形成后，又自觉地以此作为教育族人的思想准则，衍化成宗法伦理与宗族文化，影响族人的生活，稳固宗族内部的联系。儒家道德对中国传统社会影响深远，其学说是希望通过修身、齐家、治国、平天下的努力，达到德治的圣世。齐家是修、齐、治、平中的关键步骤。齐家，自然要注意搞好家庭与宗族的治理，这就须重视以孝悌精神进行教化。所以，不但宗族自身重视对族人的教育与约束，社会也支持鼓励宗族的这种教育与约束活动。

1 孝悌精神与宗法伦理

从皇家到民间的各种类型宗族，都重视对其族人进行人生观和世界观的教育，不但有族中尊长对子弟们的日常说教，又根据各个时代的社会需要和宗族教育的实践状况，编纂专门的书籍和读物，使宗族教育更系统、完整,给族人思想和行动以更大的约束力。王族皇家最先重视撰写著作教育族人。我国最早的一部历史文件汇编《尚书》,追述和记录商、周王朝统治者的演讲、谈话、命令和宣言等内容,其中的一些训诫之词,如周公对其兄弟们进行教诫勉励的"诰"词,也是一种家族教育之作。周公在劝诫康叔戒酒的《酒诰》中说:"聪听祖考之彝训!"要晚辈认真听从父祖的日常教诲。北魏肃宗时,宗室任城王元澄曾进呈《皇诰宗训》,希望当政的胡太后看了能有所警戒,少干预政治。后来北魏分成西魏与东魏,西魏文帝曾以家人之礼召见皇族诸王,将御书的《宗诫十条》赐给各王。清王朝非常重视皇族子弟教育,雍正帝和他的兄弟们追记父皇康熙帝生前的教诲,编辑成《庭训格言》一书,作为清朝皇室的家法。

与皇家一样,官民宗族也制定宗规家训,加强对族人的教育与约束。家族教育专著的大批出现,是从魏晋南北朝时开始的,士族宗族重视礼教治家,讲求教子方式方法,以保持门第、家风的长久不衰。他们用心于家诫、家训著作的写作。如魏晋时王肃著《家诫》,杜恕撰《家世诫》,嵇康也著《家诫》,刘宋王朝颜延之作《庭诰》,洋洋万言。北齐人颜之推以"务先王之道,绍家世之业"为目的,写作《颜氏家训》一书,成为古代家庭与宗族教育的范本。唐代柳玭纂《柳氏家训》,宋朝司马光编辑《家范》,陆游著《放翁家训》,袁采撰《袁氏世范》,元人郑太和著《郑氏规范》。明清时期撰著更多,如杨继盛的《椒山遗嘱》,

庞尚鹏的《庞氏家训》，姚舜牧的《药言》，蒋伊的《蒋氏家训》，汪辉祖的《双节堂庸训》，张英的《聪训斋语》、《恒产琐言》，陈宏谋辑《五种遗规》等，曾国藩的《曾文正公家书》以书信教育子弟具有系统性和目的性，也被人们视为全面的家训著作。

宋以后由于宗族组织的民众化及祠堂的发展，家训著作的写作越来越通俗化，比以前更易读易懂。不但官僚、文士重视家训著作，而且平民宗族也非常重视，他们仿效名人的家训著作，制定本族的各种宗规族诫，收录在族谱内或者置于祠堂之中，让族人阅读遵行。这类著作不但有说教的内容，而且比专门的家训著作更为简明扼要，并带有宗族私法的性质。

宗族对族人的教育与规范，涉及人们生活的方方面面，最主要的则集中在忠孝、勤业、做人诸方面。

（1）敬祖孝亲，睦族友爱

曹魏时人王昶教诫子侄们说："夫孝敬仁义，百行之首。行之而乃立，身之本也。孝敬则宗族安之，仁义则乡党助之。此行成于内，名著于外者矣"（《三国志·魏书·王昶传》）。将孝道摆在百行之首。我们前面已说过，孝道表现为对祖先的祭祀，对父母生时敬养与死后安葬。此外，还有一条就是对族人的和睦，族人虽然血缘关系远一些，但毕竟是祖先的遗胤。宗族安定了，祖先才能"心安"。强调孝道，即孝敬、孝悌精神，在宗族的教育中是最常见的。宗族重视祭祖活动，自然也重视向族人进行尊祖教育。如清代流行极广的《朱柏庐治家格言》中就说："祖宗虽远，祭祀不可不诚。"孝亲、睦族，则是处理家庭、宗族内关系的人伦规范。王祥是古代有名的大孝子，"卧冰求鲤"的故事讲得就是他。他教导子孙要以孝悌为立身之本，他说："扬名显亲，孝之至也；兄弟怡怡，宗族欣欣，悌之至也"（《晋书·王祥列传》）。孝讲怎样对待父母，但孝又有大小之分。对父母能养能敬，是为小孝；自身修行扬名，以此来显扬父母养育、教诲恩德，是为大孝。悌是讲兄弟、族人间要和睦融洽，要能谦让互助。清代洪秀全家族的祖训第一条就是讲孝亲睦族："一谕族人，子必孝亲，弟必敬兄，幼必顺长，卑必承尊，处宗族以和恭为先，处乡党以忠厚为本，凡我族人，尚其勉诸。"第七条又说："宗族与吾固有疏远，然吾祖宗视之，则均是子孙，无亲疏也"（《洪氏宗谱·原谱》）。

孝道教育重视溯本求源和人伦亲情，使后辈们感悟祖先的业绩与遗德，知道怎样善待父母、兄弟、宗族及乡邻，由此产生光宗耀祖、扬名显亲、族人互助的观念，这些成为宗族文化的特征之一。

（2）忠君守法，完纳国赋

孝是讲家族内人伦关系的规范，忠的观念则是将这种规范的原则扩延到了社会，也就是古人常说的"移孝作忠"。孝与忠的教育常联系在一起。忠的观念最初包括在"孝"的观念之中。《孝经》上说："夫孝，始于事亲，中于事君，终于立身。"为忠于旧主建文帝而殉节的方孝孺说："国之本，臣是也；家之本，子孙是也。忠信礼让根于性，化于习。欲其子孙之善而不知教,自弃其家也"(《逊志斋集·侯城杂诫》)。他将忠信视为教育子孙的根本。对于大多数普通人家来说,忠君主要是表现在教育族人遵守国法、完纳国赋方面。清代江苏《毗陵修善里胡氏宗谱》中所载《祖训》说:"赋税宜依期输纳,差徭合依理承认。"要族人做朝廷的良民。

(3)耕读传家,克勤克俭

传统社会以农业立国,聚族而居的宗族最初又植根于自然经济的土壤。宗族的教育受着以农为本观念的支配。不少族谱中载有农家生业的经验之谈,教授子孙。明代江苏华亭人宋诩在《宋氏家要部·理家之要》中详列农、林、畜、副、渔等34项内容,面面俱到,俱为居家务农生产生活的要领。即便是为官读书之家,家长也常要子弟们懂得农业生产,知道盘中餐来之于辛苦,培养忠厚勤俭的作风。明代官僚霍韬在他手订的《家训》中强调子弟要学习农作,"幼事农业,则习恒敦实,不生邪心。幼事农业,力涉勤苦,能兴起善心,以免于罪戾"(《霍渭厓家训》)。农本传家,最重勤俭。勤,指劳作上的勤奋和不断的进取精神;俭,指用财上的节俭和生活中的淡泊习惯。对子孙来说,勤可以成业,俭可以养德;对家族来说,勤可以丰家,俭可以长久。所以明朝人姚舜牧在《药言》中说:"居家切要,在勤俭二字。"

(4)重学明理,谨言慎交

各族宗规家诫,无不谆谆劝谕子弟读书,这是为了子弟能出仕为官,更是为了子弟能增益修养、明白事理，做正人君子。《嘉兴谭氏家谱》卷二有《资政公家约》，分立身、正家、睦族、读书四则，令族人遵行。其中"读书"条云：

> 子弟无论智愚，不可不教以读书。四书经史皆可以间其邪心，而兴其善念。读之而成名，固可为佳士；即不能成名，亦须使其粗知义理，而不至入于下流。

谭氏教子弟读书，并不非要让他们做学问当官，就是务农、为工、为商，也不能不学无术，以免沦为下流一等人。很多宗族将族人的文化素养视为本族兴旺长久的根本，读书不只是族人个人的事，宗族甚至以种种约束强迫读书。《即墨杨氏家乘·家法》规定：子弟文理不就不能自立者，不许参与户外之事，除了亲戚家外不许往外姓家赴会，不许在家设宴招待宾客。杨氏子弟七岁时一般要入家塾读书，并且要将此事祭告家庙祖先，作为一件非常郑重的家族大事。

重视读书的风气，又常与农家朴实风气结合起来，造就成耕读传家的风气，这被人们视为最理想的遗惠后代的家法。左宗棠为家族祠堂撰写的对联是："纵读数千卷奇书无实行不为识字，要守六百年家法有善策还是耕田"（《左文襄公集·联语》），以此告诫族人要真正懂得耕读传家的精神。

东汉伏波将军马援有诫侄书，特别强调"慎言"，被后人称为"伏波家法"，纷纷仿效。慎言之诫在各类

家訓

予小子述先人行事詳矣孝於親忠於君友於兄弟義於鄉黨

立志希聖賢學文追古昔此其大者可以師百世卽一步趨一

措置間亦恠非近今所能及蓋卓然以身教也後之子孫率而

守之鮮有失德矣家訓之述得勿贅之云乎然先王父嘗有言

曰上品之人不教而善下品之人雖教亦不善品之最上最下

者寡而中人常多教則成不教則敗是故教不可以已也歷觀

史册惟漢萬石君石氏家不言而躬行雖齊魯諸儒賢行皆自

以爲弗及其他並有家訓唐韓休穆寧、崔邠、柳公綽皆興敎於

山东即墨杨氏家训

宗规、家训中是常见的。三国时人王昶作《家诫》，他说马援慎言之诫，可为至理名言，并进一步认为不但自己不能轻言他人长短，而且还要正确对待别人对自己的议论，不要以牙还牙，褒贬相报，要如民谚所说的那样，"救寒莫如重裘，止谤莫如自修"，要谦逊，反省自己。他说：

> 人或毁己，当退而求之于身，若己有可毁之行，则彼言当矣；若己无可毁之行，则彼言妄矣。当则无怨于彼，妄则无害于身，又何反报焉？且闻人毁己而怨者，恶丑声之加人也，人报者滋甚，不如默而自修己也。（《三国志·魏书·王昶传》）

古人早有"三缄其口"的慎言之诫，此话虽有些明哲保身的味道，然而信口雌黄、轻言他人善恶，确实是缺乏修养的表现，也容易给人带来不必要的麻烦。另外，在古代封建君主专制主义的时代，轻言政治得失，也容易给自身和家庭招来灾祸，所谓"祸从口出"是也。明清时期很多宗规、家训中多载有禁止族人谈论国事的禁条。河北任丘边氏家训中规定："禁谈县父母得失，招祸在此，且失忠厚之道。禁不许谈朝廷政事，道听途说，是无涵养之人也"（《任丘边氏族谱·一经堂家训》）。这样的说教虽然自有其道理，但往往使子弟形成事不关己、明哲保身的消极心理，只顾家事，不问国事，于民族于国家不利。

除了言语上要谨慎外，交往上也要谨慎。孔子曾说："益者三友，损者三友。友直，友谅，友多闻，益矣。友便辟，友善柔，友便佞，损矣"（《论语·季氏》）。在很多家训中，将孔子此论用来教诲宗族子弟，要慎交游。明朝人宋诩在其所定家规中的"朋友"一条中强调要交有道义的益友：

> 同门为朋，合志为友。惟以义处而以信结为

深交者，斯其成五伦之不足也。不能忠告善道，亦何交之？有能知有益有损，则便辟善柔便佞之徒远，而直谅多闻之士至矣。（《宋氏家要部·正家之要》）

损友善逢迎，似近人情，容易亲近，但不长远；益友耿介，不易亲近，但能长久。要能区分损益之友而做到远近有别。

❷ 族产与睦族

强调和睦族人，一方面要树立孝悌精神，另一方面，也是更为重要的物质方面，即要有宗族活动的公共经济，形成一种较为固定的族人间的互助形式，这样睦族才不会流于心愿口说。同时，宗族的各种活动也需要有宗族的公有财产作为基础。

在同宗共财收族的典型宗法制被破坏以后，到了汉代，随着宗族制的恢复，人们常常自发地做些赞助族人的事情，但没有固定的族产。这种族内的互助有两种形式。其一是由族中尊长出面纠合族人各家出钱凑份子的方式，大家集散财于一起用于宗族事务，如祭祖、聚会、丧嫁及赈助穷困族人。东汉崔寔的《四民月令》记载族内的经济互助措施是：每年在三月青黄不接时，要赈济匮乏之家，先从亲近者开始，再至全族。至九月天气始凉之际，又要慰问那些孤寡老病不能自存的族人，帮助他们度过寒冬。十月要开展帮助那些久丧不能葬之家料理丧事的活动。这些活动中，所需资财有的就是"纠合宗人，共兴举之，以亲疏贫富为差，正心平敛"的。族中互助的另一种形式，是一些宗族意识较强且富有或做官的宗人或宗族长，将自己的资财捐给宗族及救济族中穷人，有的是量力而行，有的则是倾家捐献。西汉华阴人杨恽，是司马迁的外孙，受封平通侯，将父亲留给他的500万遗产全部分给同宗族人，后来得到千余万财物，又全分施给族人（《汉书·杨恽传》）。东汉末颍川人刘翊，不出仕，家产丰厚，好赈贫，同宗、乡邻死亡不能安葬的帮助营葬，鳏夫穷得不能再娶的帮助完婚（《后汉书·刘翊列传》）。这宗族内部两种形式的通财互助活动，是临时性的和救急性的，财产随聚随散，形式因时因事而定，没有出现固定的宗族公有经济。

作为正规化的义庄制宗族公有经济，还包括族田、祭田、学田等形式的族产，出现在士族宗族消亡后的北宋时期。官僚宗族的重要活动之一就是建设义庄，而最早设立的义庄则是宋代范仲淹创办的范氏义庄。义庄帮助族人的方式及其本身的管理办法，又分为两种类型。一种是范氏义庄型的，负担所有族人最基本的生活，另一种是主要负责周济贫困族人生活。绝大多数的义庄属后一类型。

范氏义庄开办时有1000多亩土地，后陆续增殖产业，到清代已多达5300亩，义庄土地租给外姓人耕种，以地租收入供给族人生活。范仲淹在创办之初就制定了义庄管理和分配章程，经后人不断增定条例，形成了完善的制度。义庄给所有在苏州原籍的族人提供生活补贴，不分贫富，也不论其本身有无收入，一概发放，只是在外地做官的人不能领取。发放的钱物和项目有：口粮（按月发）、衣料（按年给）、婚嫁费、丧葬费、科举费。另外，还有房屋项目（义庄备有义宅借给族人居住）及借贷项目。各项支给数额按正常年景预算，如遇灾荒年成，收入减少，义庄则动用存粮发放口粮，其他供应则不能实现。按正常年景发放，范氏族人的衣食住及婚丧用度无需烦神，基本生活有了保障。

　　范氏义庄有一套完整严格的管理制度和章程。义庄的管理人有明确的职责、权利和义务，他处理义庄事务不受他人干扰，包括族中尊长的指手画脚也可不予理睬；其自身的工作也受到族人的监督，有一套奖惩措施。义庄有大的事情，族人间有了大的纠纷，要到范仲淹神位前判断是非曲直。义庄有规矩可循的事，按章办理，没有订出章程的，管事人员与族人共同协商出一个意见，报告范仲淹神位并取得其直系后裔的同意后，方可生效。义庄的田地不许族人承租，义庄也不承买族人田地，以免宗族在利益上发生争执时不好处理，伤了和气。义庄也给族人定了很多规矩，防范族人侵犯义庄财产，违犯者罚没时间不等的月粮，情节严重的送官究治。范氏义庄对贫穷的姻亲，在他们遇到临时困难或者灾年歉收时，酌情给予资助。

　　范氏义庄由于管理完善，克服一个个难关而维持了近千年之久。这里还要指出的是它向全部族人开放，都给予赡养，有效法先秦典型宗族制时代大宗收族之举的精神，反映了义庄创建初期创建人想全盘恢复古代宗法制的观念。而后世义庄大都不这么做了，主要目的在于赈济族中的老弱贫困族人，属族内慈善组织，华亭张氏义庄就是这样。

松江华亭张氏义庄，设立于清朝雍正年间，由内阁学士、礼部侍郎张照建立，他捐出祖产1000亩土地，为合族公产，收入赡养同宗。它的施赈范围以族人为主，张照祖父张淇五世孙以下服尽的裔孙也包括在内。它和范氏义庄不同的是，并不是每一个族人都可以领取财物。它按族人家产计算，每人若有八九亩田，收入可以度日，就不能支领。家有多少田，相应减少口粮，或者少领其他财物。义庄的原则是给贫困族人解决生计困难；对鳏寡孤独则放宽条件，予以赡养，鼓励寡妇守节。张氏义庄所发放的钱粮，与范氏义庄大体相同，即逐房计口给米。

综观范氏、张氏义庄，不难发现，义庄赈恤族人范围较广，包括建义庄者出了五服的族人。建庄者多是官僚巨富，子孙也会较富有，故而设立义庄主要是赡养远房族人，并且将此举制度化，这同临时抚恤族人的义行迥然有别。义庄的建立，表明宗族规模扩大了，宗族再想维持，光靠个别族人临时临事散赈不行，需要有它的公共经济，作为它的形式之一的义庄的出现，就不是偶然的事情了。宋代义庄出现以后，宗族的公有经济常见的有三类形式，除了义庄外，还有祭田与学田。

祭田，又称祀田、烝尝田。主要用于祭祀祖先的活动，有多余的收入，分配给族人。相当数量的宗族拥有祭田，但数量不等，少则一二亩，多则数百亩。祭田的数量一般要比义庄田地数量少，但它的设置要比义庄普遍，所以社会上祭田的数量相当可观。祭田的来源，有的是个人捐助，还有不少是众人共同捐助的。南宋大理学家朱熹在《家礼》一书中提出，建立祠堂应备有祭田，应由被供奉祖先的子孙从现有土地中抽出二十分之一，捐赠为祭田。后世祭田的设置受朱熹这种设想的影响很大。

学田，又称书田，是宗族学塾所有的田，多系宗族特设的产业。有义庄的宗族常将族学附设于义庄。学田的收入，用作聘请教师和学生的生活、考试等费用。

祭田、书田、义庄田，统称为义田或族田，三者用途各有侧重，但有时也并不严格，它们都是宗族的公有财产。尽管其来源多由官、绅士、富户及一般族人捐献，管理人中有不少是衿士及富商，但其毕竟不属于原主人，而是宗族公有财产，使用于宗族公共事务。宗族搞族田，是为了团结族人，帮助族人谋生和培养宗族人才，以壮大宗族自身。

按照儒家的理想与宗子宗法制的精神，西周分封制下的井田中有公田，大宗分封，给小宗以土地，使小宗及族人团聚在大宗周围，这就是"收族"。分封制与大小宗法制被破坏后，这种"同宗共财"的宗族所有制已行不通了，但它的观念仍影响着人们。

西汉以后，常有宗族内部无定制的通财现象与族人的捐助活动，这成为宗族公有经济的过渡形式。自北宋义庄出现后，族田又成为制度化的宗族公有经济形式，它使宗族在新的条件下有了活动的经济基础，产生了凝聚力，恢复了上古"收族"团聚族人的作用。北宋以降，族田的发展还有一个重要原因，就是中古士族地主庄园土地制度被破坏以后，"贫富无定势，田宅无定主"的土地兼并现象非常严重（袁采《袁氏世范》卷三），若想保持家族产业不败落，莫如建置宗族族田更为长久。族田是集体财产，都有不许族人侵夺盗卖的自我保护措施，而且官方也明令确保宗族公有财产不可侵犯。范氏义庄建立后，即向政府备案，请求保护。政府对此也全力支持。清代规定：盗卖义庄田十五亩以上者，要"问发充军，田产收回，卖价入官。不及前数者，即照盗卖官田律治罪"（见民国《吴县志·义庄》所载官府发给吴县周姓义庄的执贴）。对盗卖族田的定罪很重。政府另一项保护族田的措施是国家不予没收。政府对罪犯有"籍没"的处刑，即没收一切家产，但族田是不在范围内的。《红楼梦》第十三回中秦可卿托梦告诉凤姐：要赶着今日富贵，在祖茔附近多置祭祀田产，并将家塾也迁到此，"便是有罪，己物可以入官，这祭祀产业，连官也不入的。便败落下来，子孙回家读书务农，也有个退步"。秦氏所言，是符合清代的实际情况的。这样，有了族田作为经济基础，宗族便会长久不衰。

3 族学与宗族教育

以义庄田赈济维持族人的生活,是侧重对族人的赡养;族学的设立,则是偏重对族人的教育。宗族的教育,除了宗规家训的伦理道德教化外,还有文化知识的教育。不少宗族认识到,要想使自身光大持久,提高本族的社会地位,族人的文化素养是非常重要的事情,所以宗族要设立学田,或从族田中划出部分固定收入,支持族人子弟到村学就学,或者创办宗族自身的学校进行教育。古代教育中,学校教育并不发达和普及,家族的教育占有重要的位置,而家教常落实在宗族教育上。

先秦时期的官学与族学是合而为一的,天子设立王学,诸侯建立黉宫,让王族、公族及其他姓的贵族子弟入学学习。这时的官学虽然带有家族学校的性质,主要还属贵族学校,学生并不是完全来自一个家族。私学的发展与宗法分封制的瓦解,打破了贵族垄断学校教育的局面,官学也逐步摆脱家族的性质。秦汉以后,私人学校与带有平民性质的宗族教育开始结合在一起。《四民月令》上记载东汉时地主家族庄园中办学校的情况:正月,命族中15~20岁的"成童"子弟入学攻读《五经》;开春冰释时节,命15岁以下"幼童"子弟入学学习《苍颉篇》、《急就章》等课本;八月暑退时节,幼童再入学;十月农事完毕后,成童再入学,学习内容同以前的都一样;十一月封冻之时,幼童入学除了学以上课本外，还要初步学习《孝经》、《论语》等儒家经典。这种族学是季节性和临时性的，或在冬闲时，或在农忙后。又如东汉陈留人仇览热心于宗族教育之事，每年农忙后，组织本族少年子弟到本地的学校中学习，相聚在一起过集体生活，游手厌学的，罚以田桑劳役（《后汉书·仇览列传》）。魏晋南北朝时期，天下战乱，官学废弛，私学难兴，家族教育却发达起来，文化教育垄断于士族宗族或文化世家手中。不过专门的学校形式的宗族教育尚不多见，因为缺乏固定的宗族公共经济来维持办学的经费。两宋以来，由于族田、义庄出现，以其中部分收入或划出专门的学田用于族人的教育，使得宗族义学有了必要的经济基础，宗族的教育作用越来越突出了。

宗族学校称为义学、义塾、家塾，它与一般私塾不同之处是入学者一般是本族子弟，由宗族提供助学金费用，外姓来学附读者，一般要有特殊原因。塾师有的是由本族中文化高与品行好的人充任，有的则是从外姓中聘请。族学学生一般从7岁开始入学，大体和普通学塾一样，按"小学"与"大学"阶段的学习分成两级，15岁以前的"小学"阶段以识字读书的启蒙教育为主，学习如《三字经》、《百家姓》、《千字文》、《神童诗》以及朱熹的《小学》、《朱柏庐治家格言》等蒙幼读物与教材；以后再初步学习四书五经的儒家经典，教给儿童掌握日常知识与基本读书能力，树立起儒家伦理道德与纲常名教观念。学中子弟成绩优异者，到了十五六岁后就可以参加考秀才的进学考试；同时也开始族学中第二级"大学"阶段的学习，再深入研读儒家经典，考取举人、进士，取得功名，这是族学兴办的重要目的之一。但能考取的毕竟是少数，大部分人还要转向务农或从事其他生业，所以族学以第一级小学的启蒙教育为主。

宗族义学办学大体有两种经济来源。一种是固定的学田收入或者是靠义庄田中的部分固定收入维持。如元朝末年建松江华亭邵氏义塾，有胥浦、风泾、仙山三乡田地 200 多亩作为学田（《大明一统志·松江府》）。又如浙江鄞县一些义学多是靠义庄的收入维持，屠氏的乔荫堂义庄附设义塾两所，杨氏义庄建棠荫义塾，吴氏义庄有槐里义塾，徐氏固本义庄的家塾叫敦本义学、崇本书院，蔡氏树德堂义庄也设敦本义塾，朱氏义庄设真吾义塾（民国《鄞县通志·政教志》）。另外一种，助学的经费是不固定的，来自族中官宦或富有人家的捐助，这种事例向来是很多的。

宗族之所以乐于拿出田产资财来兴办学校，是因为文化教育与宗族的兴旺关系密切。中古时代门阀士族的兴起与其文化渊源和儒教门风是分不开的。宋元以后，没有了士族，宗族组织的长久发达又是以宗族教育为根基。一些宗族源远流长，号称"望族"，世泽绵延所依靠的主要不是族人显赫的武功或者辉煌的仕宦业绩，而是科举功名的发达。所以，宗族视族人文化素养的提高与科举功名的发达为自身兴旺的根本。前面说过，明清时代衿士成为一种重要的社会力量，宗族也常控制在他们与乡绅的手中，这些人多是经过科举的，他们对于办学是有兴趣的。一般族人中如能出现科举人才，也可以提高自家在宗族中的地位，族中考中功名的人多了，又可以提高全族在地方上的声望，所以多数族人对办族学很是重视。《毗陵庄氏族谱》所载《鹤坡公家训》说："待师之礼尤宜忠敬，忠敬积于中，礼币隆于外，然后可望其子成立矣。"强调族人应尊师，不但要重礼聘请，而且要待以忠敬之心。《慈溪师桥沈氏宗谱》所载《设教约说》申明族人要重视子弟的文化教育："约我族人子孙，七岁则入塾以教之，切莫悭修护短，有失设教之礼，而贻面墙之讥，是不爱子也。古云有子不教子孙愚，又曰人不通古今，牛马而襟裾，是教为王道之本也，族人其勉之！"

《红楼梦》中描绘的贾府族学

4 戒规与家法种种

宗族对于族人不但通过学校进行教化，还有惩罚管教的手段，即规定族人必须遵守不得违犯的戒条及相应的家法惩治措施。这两者可说是管理族人的文武之道，一弛一张。宗族的戒规与家法到宋元以后的祠堂宗族制下更为规范和系统。族权的意志主要通过它表现出来。宗族的戒规涉及族人生活的方方面面，主要包括：

不得侵犯祠堂、宗族及个人财产的戒条。范氏义庄建立后所定的《义庄规矩》就有保护义庄财产的许多规定，事条有：不许偷砍祖坟及附近的竹木柴薪，不得到坟山放羊，禁止侵犯范仲淹创立的天平功德寺产业，不准以他人名义租种义庄田地，不得占据或会聚义仓，不得以义宅屋舍私相兑货质当。有犯者，视情节轻重处以罚米直至送官究治的惩罚。清代江阴袁氏严禁盗卖宗祠田产，规定"族人如有盗卖祠田，一经察出，除勒令备价赎还外，公同家法治处"（《澄江袁氏宗谱·祠规》）。还有一些宗族规定了惩处盗窃族人田土生业、物产的办法。

对族人职业的戒条。职业在古代社会有着等级差别，关乎宗族的社会地位，因而宗族禁止从事被社会歧视的行当，如娼妓优伶、胥吏衙役、奴仆走卒、僧道巫觋，人们认为这是贱民的行业。江阴袁氏不许族人做奴仆，益阳熊氏禁止族人做巫师、胥吏，南皮侯氏宗族不许族人为书吏，违犯者逐出宗祠，不承认他的族人资格。

对族人生活方式的戒律。族人的生活方式、文化娱乐不能自行其是，也要受宗族的管束。武进修善里胡氏宗族的《家诫》戒规详细，兹录出为例：勿阅淫邪小说，勿唱曲吹弹，勿笼禽鸟、养蟋蟀、放风鸢，勿学拳棒，勿许妇女平居涂脂敷粉、穿绫曳绢，勿掷色斗牌，勿吃洋烟，勿食牛犬田鸡，勿衣服好丽、器皿求工，勿信师巫邪术，勿容三姑六婆时常出入，勿抛弃五谷。戒条有的合理，而多数则是限制人的个性发展和生活方式多样化。

对族人社交的戒条。宗规家训中多有"慎交游"的教导，告诫子弟要交益友、远损友，严禁结交"匪类"，参加秘密社团。《平江叶氏族谱》所载《宗约》规定："不可左道惑人，结盟会匪。"武进胡氏宗族有"勿交匪类"的家诫（《毗陵修善里胡氏宗谱》）。同县吴氏宗规有"戒窝藏来历不明者，察出必究"（《毗陵薛墅吴氏族谱》）。

不得擅自告官的戒条。祠堂将族众纠纷的解决控制在祠堂范围内，要由族长合众去解决，不许擅自告官。武进王氏规定：族人争执，若非经祠堂处断而先行告官，要在神位前罚跪，并治办一桌酒席赔礼（《晋陵王氏宗谱·凡例》）。只有宗族解决不了的大案，才许族人告官。祠堂要求族人先受宗规约束，然后才是朝廷法律。

宗族的戒条还有很多，如关于族人婚丧的戒条等。

在此不再详述。

为保障戒条的实施，对违犯纲常伦理的族人施行处罚，宗族以族规的形式定出相应的惩治办法，这种宗族家法主要是仿照国家的刑法而制订的。其形式多种多样，大致可分为以下几类：

罚银钱、酒席。属经济制裁，内容是交纳银钱若干，或者处罚犯事者在祠堂摆酒席赔礼认错。这是较轻也较常见的处罚。

体罚。罚跪、打板子是祠堂宗族制下常用的处分，很多宗规家法中都有这样的条文。如《霍渭厓家训》中规定：族人"轻罪初犯，责十板，再犯二十，三犯三十"。

记过。记下过失，作为警告，使族众知晓，是一种精神惩治。

捆绑。对犯事情节严重的人，绑在祠堂门前示众。这是肉体与精神的双重处分，是仿效官府枷号示众之刑。

开除出宗。将族人开除族籍是严厉的惩罚方式之一。除籍方式最早是在皇族与贵戚宗族中实行，后来民间宗族效法这种做法，也将不肖悖逆族人开除出宗。有罪的皇族与贵戚宗族成员被开除宗籍，免为庶人，他就不能再享有各种特权，不能援引"议亲"的条例减免刑罚；平民中被开除出族的人，他就失去受宗族保护和帮助的权利，而这种帮助和保护在聚族而居的村社生活中是非常重要的。

贬改姓名。这种处罚只在皇族家法中实行，与开除宗籍的措施相联系。对那些叛逆的皇族成员，除了将其清除出皇族外，甚至不能让他及子孙与皇族同姓。齐武帝时，巴东郡王萧子响谋乱赐死，大臣上奏开除其皇族属籍，改姓为蛸氏。蛸与萧同音，是一种昆虫。武则天专权时，李唐皇族成员韩王李元嘉、鲁王李灵夔等密谋起兵反抗，被武则天发觉，逼令自杀，改其姓为虺，是一种毒蛇的名字。除了改姓外，有时还要改名。如清朝雍正帝为了惩罚曾与其争夺帝位的八弟、九弟，将他们改名为"阿其那"和"塞思黑"，大约是猪狗一类的贱名。

送官究治。在开除出宗的同时，以祠堂名义将犯事者送交官府立案惩办，官府常尊重宗族的意见，从严治罪。

打死、活埋、沉潭。这是最严酷的惩罚，只在宗法制严密的时期或地区实行。这种酷刑，多是依约定俗成的法则执行，不过宗族的这种权力往往为官府所不允许，因为它侵夺了国家的司法权。

5　作为模范宗族的义门

将孝悌精神与"收族"结合在一起，对族人教化与治理搞得最好的，应是义门家族了。义门既不是小家庭，也不是义庄，但与两者都有一些相同的地方，或者可视为大家庭宗族。义门家族的财产公有，不分家，少的三世同堂，多的十几代，数百年同居，人口从几十口到上百口，甚至有上千口的。这种大家族内部注重孝悌伦理、忍让精神，财产家族公有，常被历代政府表彰为"义门"，视为孝义家族的楷模。较早出现的这种家族，是两汉之际南阳的樊重家族，史书说它"三世共财，子孙朝夕礼敬"（《后汉书·樊宏列传》）。到两晋南北朝时期，史书记载的义门多了起来，一直到明清时代绵延不绝。

义门经济上最重要的特色，是财产家族公有，实行平均主义分配，族人都实实在在地吃大锅饭，史书经常使用的文言描述是"同门共爨"，爨，就是"灶"或"炊"的意思，指大家同住在一个大院中共用一口灶吃饭。如北朝弘农人杨播的大家族，《魏书》本传说其"一家之内，男女百口，緦服同爨"。即杨播五服以内的宗亲在一起吃大锅饭。杨氏家族中年长的是杨播兄弟八人，每次用饭时，兄弟们要围坐一起同盘而食，如有出行未归者，也一定要等他回来才吃。即使过了很久，大家仍要饥肠辘辘地等待。吃大锅饭，除了病人、老人、儿童、产妇有时另开小灶，大家的饭菜相同。北齐的时候，一次史学家魏收到卢叔武的大家族调查前朝旧事，到了吃饭时，卢叔武坚持留客人与家族同食。上饭时，全家族，甚至包括家族的仆人，每人都是用木碗盛的粗米饭和野葵菜，外加一小块干腊肉，没有人能特殊。自然，客人的饭食也不例外了（《北齐书·卢叔武列传》）。五代至北宋初，江州德安义门陈氏家族，十三世同居不分家，长幼共700多口。每次吃饭，众人聚集于宽广的厅堂集体进餐，未成人者则别为一席。有趣的是家族养了100多条狗，也是吃大锅饭，养成了集体进食的习惯，喂食时众犬围一大木槽群食，倘若有一条狗没有到，群犬就不肯上前，一定要凑齐了才进食（《宋史·陈兢列传》）。

共爨的基础是"同门"、"同财"，义门内小家庭没有私财，财产是家族公有。西晋济北氾氏，敦睦九族，后来客居于青州，到氾毓时已是七世同财共居，人们说他家"儿无常母，衣无常主"（《晋书·儒林列传》）。因为族人在一起生活，婴幼儿由成年妇女共同承担起抚育责任，所以没有固定的"母亲"。家里的衣服，谁穿合适谁就穿，不分彼此，因而不是哪一个人能常占有。北朝博陵人崔孝芬兄弟同财共居，一钱尺帛不入自家，哪家有了吉凶大事需要用钱财，大家相聚分给他。妯娌们相亲相爱，也没有私房钱。如果大家在外获有财物，除了微不足道的小物件外，都要交给婶母李氏收存，每年四时季节，由李氏公平分给各家。

义门的共爨同财，使家族内的小家庭少有自身的经济利益，因而族人缺乏家族生产的积极性，在义门中，资财匮乏的清贫生活是常见的。加之共居家族人口众多，事繁情杂，难于治理。族人配偶又来自不同的家族，她们之间没有血亲联系，难免多有口舌，怨气十足。这些妯娌们所关心的多是小家庭利益，她们愿意分家另过，同居大家族中兄弟间矛盾的出现常和她们有关。义门要保持共居长久，所以一方面强调兄弟雍睦的悌道，讲求忍让，另一方面又说教族人不要听信妇女只顾小家利益的言论，压抑妇女，严格族规。郓州寿张张公艺家族，从北朝就同居共食，到唐初已经历九代人，唐高宗皇帝亲临张公艺家，询问家族团结不散的原因，张家人写了一百个"忍"字作为回答，面对这种百忍功夫，唐高宗也感动得流下眼泪（《旧唐书·张公艺列传》）。对于一般家族这是很难做到的。

浦江义门郑氏家族，从南宋初年开始同居共食生活，到郑文嗣当族长时，郑氏已十世同居，历时两个半世纪，元武帝旌表其为义门。文嗣堂弟文融（太和）接续主家时，制定族规，管理更加严格，他还做过官，所著《郑氏规范》闻名于后世。明初郑氏家族已有几百口人。郑濂以粮长身份送钱粮到京城南京，蒙受明太祖召见，垂问其家族团结的原因，他回答说：不听妇言。在《郑氏规范》中又专有《诸妇规范》训诫诸妇遵守孝道礼节，搞好家务，不许干预外事，不许妒忌、长舌，有违犯者，轻者教诫，重者责罚，再重者，休出家门。郑氏家族不允许小家有私财，若有亲友馈赠，要交给家族的公堂。个人若私置田产，私存金银，会被召到祠堂受处分，并将私产充公。如若不服，公堂将以不孝罪送到官府法办。郑氏以此希图保持家族共爨，不致分散。

义门大家族历来受到政府的表彰，把他们视为能行孝道的模范宗族，减免其徭役赋税负担。从汉代以来，政府推行以孝治天下的政策，自然义门家族便成了供人们效法的楷模。南朝齐高帝时，一次表彰的同居三世以上的义门家族有十家："义兴陈玄子四世同居,一百七口。武陵邵荣兴、文献叔并八世同居。东海徐生之、武陵范安祖、李圣伯、范通根,并五世同居。零陵谭弘宝、衡阳何弘、华阳阳黑头,疏从四世同居"(《南史·孝义列传》)。前述寿张张氏义门,被北齐、隋朝、唐朝三朝旌表。五代十国时南唐小朝廷一次表彰境内同居五代以上的义门也有七家,其中最有名的是江州德安义门陈氏。元朝政府曾两次旌表浦江郑氏义门,明朝政府时还免除其赋役,又任命其族人为官。清代旌表义门是政府拨给银两建立牌坊,皇帝还经常赐给御书匾额,以示恩宠。

由于义门财产家族公有,族人都吃大锅饭,义门家族中生活拮据贫困是常见的现象,这表明它不能适应生产力发展与提高族人生活水平的需要。因而这种义门大家族在全社会中总的数量极少。义庄与义门一样,都讲同宗共财思想,但义庄共财程度轻,属于同宗互助性组织,庄内小家庭有自己的私财;而义门财产家族公有,是大家庭式的宗族,所以义庄要比义门在社会上更为普遍。

6 宗族与族人婚姻

北魏勃海人高谅撰《亲表谱录》四十余卷,包括了其家五世以内的亲表外家亲属,都详载曲尽,览者叹服他的博记(《魏书·高祐列传》)。明朝人冯从吾家族族谱分五篇,其中第四篇为"外传",仿效正史中的外戚传也给外家作传记(《古今图书集成·明伦典·氏族》)。宗族给外家作谱传的并不多见,但由此也透露出人们对宗族与婚姻关系的重视。族人的婚姻对宗族的繁衍延续、宗族的社会地位提高和发达,都有着重要的影响,为此宗族要对它做出一些限制和规定。这主要表现在三个方面,下面依次说明。

(1) 宗族主持族人的婚嗣

《礼记·昏义》上说:"昏礼者,将合二姓之好,上以事宗庙,而下以继后世也。"从这个关于婚(昏)礼的定义中,我们可以看出:古人的婚姻不只是个人的事,而是为了两姓家族之好,为了家族的兴旺和香火的传衍,也为了本宗族与另一宗族发展社会关系,所以人们结婚是为了家族的利益,是宗族的事情。在新妇的庙见礼、服制的变化和婚姻、继嗣中,婚姻所表现出的宗族意志最为明显。

上古贵族结亲,女子出嫁前,先要到父家的宗庙中行"告庙"之礼,这是因为,"以先祖遗体许他人,以适他族,妇人外成,故重之而用醴,复在庙告先祖也"(《仪礼·士昏礼》疏)。也就是说出嫁的女子是以先祖遗体的身份以身相许他人,嫁到他族,所以要到宗庙中奉上甜酒,祭告先祖知晓。新婚夫妇在婚后三月时要一同去夫家宗庙举行拜见夫族祖先神位的礼节,即"庙见"之礼。这礼仪完成之后,婚礼才算全部完结。这时新妇在丧服服制上也随之有了变化,她才能按丈夫家族成员的身份计算服属关系,同时她为自己娘家亲属的服制比出嫁前要降等。经过庙见之礼和服制关系的变化,才表示男方宗族正式接受了新妇。

如果新妇还没有来得及行庙见之礼就亡故了，夫家就不把她当作正式的妻子和正式的宗族成员对待。由于庙见之礼这么重要，而新妇在三月内因病亡故，并不是她自身过错，所以到后来改为三日行庙见之礼。明清时代，这一礼仪在祠堂中进行。没建祠堂的家族，则是到祖坟去行拜祖先礼，有的地方称为"上喜坟"。杭州的风俗，行祠堂庙见礼时，新人穿好礼服，中午先在家内祭祖，接着拜灶王，然后去祠堂行礼。公婆在受礼之前，也要先拜祖先，然后才安然接受新婚夫妇的礼拜。新郎、新娘接着对宗族长辈次第行礼，同时新人还接受子侄小辈的拜贺。这些礼节行过之后，新娘才能以夫家妇人的资格开口说话，晚上设家宴，富有的家族还要备堂会祝贺（范祖述：《杭俗遗风·婚姻类》）。山东即墨杨氏家法规定："男子定婚，女子许字，必谋于家长，即决而告庙。"杨氏族人婚礼，宗人迎亲到祠堂行礼。婚后三天由婆婆带领新儿媳到祠堂拜祖宗，行庙见礼后再拜族中尊长，这样新媳妇才真正成为杨氏宗族的成员（《即墨杨氏家乘·家法》）。

宗族对族人婚配的约束力还表现在限制寡妇再婚方面。孀妇要改嫁，必须先取得宗族的同意。最初是由娘家宗族主持，后来则须经丈夫的宗族认可。早先寡妇无子息有归宗之制，她要被送回自己的娘家，就是有幼小儿女的也常被送回。在她归宗以后，常由她的父兄或娘家宗亲主持再嫁事务。北魏太山钜平士族羊烈，为了标榜所谓"男清女贞"的家风，不让本家族女子再嫁，在兖州建造一座尼庵，家族女子出嫁后有寡居无子者，被遣送归宗后，一律送到尼庵中出家为尼（《北齐书·羊烈列传》）。到后来，寡妇的再嫁，则需经过夫族的认可，否则婚姻无效。清朝嘉庆三年，湖北京山徐在明寡妻严氏在娘家母亲主持下招徐元佐为夫，徐在明的胞叔徐位安以"应由夫家主婚"为由拒不承认，干预严氏的再婚并造成命案。湖北官员据此拟判严氏与徐元佐离异，徐位安干预这桩婚事无罪（清代档案，《内阁全宗·刑科题本·婚姻类》）。在妇女再嫁问题上，不论是由娘家或是夫家主持与认可，本人的意愿都须服从家族的意志。

夫妇结婚后如果长期无子嗣，需要纳妾或过继子嗣，特别是后者，宗族的意见是非常重要的。在典型宗族制时代，大宗一系的血脉延续对宗族最为重要，如无亲子为后，一定要过继子嗣，小宗一支则无此必要，因为小宗绝后对宗族没什么影响，甚至在必要时宁可本支绝嗣，也要将独子过继给大宗。这是宗族的利益高于家庭利益的缘故，叫作"废小宗昭穆不乱，废大宗昭穆乱矣"（《通典·晋范汪论为人后》）。宗子制废除后，不论大宗长房还是小宗支房都有立嗣的权力，但这种立嗣有必要经过宗族的认可。袁绍不立长子袁谭而立少子袁尚，"上告祖灵，下书谱牒"，非常郑重（《后汉书·袁绍列传》）。宗族允许族人同宗间立嗣，但反对抱养异姓子为后，为的是不许异姓乱宗，这种做法又常能得到官府的支持。晋朝的法律明文禁止养异姓子为嗣："异姓相养，礼律所不许"（《晋书·殷仲堪列传》）。贾充的独子贾黎民早夭，贾充死后，以外孙韩谧为黎民嗣子承袭爵位，晋武帝因贾氏为宠信大臣，所以破例批准，但大臣们在讨论贾充的谥号时，说他"绝父祖之血食"，扰乱礼法，要给他一个"荒公"的坏谥号（《晋书·秦秀列传》）。宋代的法律明文规定了宗族尊长在族人立嗣时的作用："立嗣合从祖父母、父母之命，若一家尽绝，则从宗族尊长之意"（《名公书判清明集》）。清朝律法也规定："妇人夫亡，无子守志者，合承夫分，须凭族长择昭穆相当之人继嗣"（《清律例·户律·立嫡子违法》）。在很多族规中都有明文规定宗族在立嗣问题上的权力及反对养异姓子为嗣的禁条。江苏武进修善里胡氏宗族的族规写明：族人立嗣，"当请命族、分长集议，写立过房，告之祖宗"（《毗陵修善里胡氏宗谱·祖训》）。江西人孙荇洲养外甥李耀宗为嗣子，未经过宗族认可，孙荇洲死后，族人以耀宗继嗣为乱宗，将他赶出孙族（《清稗类钞·婚姻类》）。在族人的婚姻、继嗣问题上，族人个人的意志要屈从宗族的意志。

（2）门第婚姻与良贱不婚

两家结为婚姻，古称修"秦晋之好"。这秦晋之好最初是指两个国家之间的一种政治和等级的联姻。上古时期贵族成员间的婚配，常是在同一等级间进行的。在诸侯国中，国君地位独尊，无有二家，所以娶妻只有在和与他一样独尊的其他诸侯国君家族中选择，这种通婚以秦、晋两国最为有名，而且长期稳定。春秋时晋公子重耳（晋文公）流亡到秦国，秦穆公把五个女儿许配给了他，帮助他返回晋国争得君位。怀嬴也在五女之中，她侍候重耳洗漱时，重耳像对待侍女一样对待她，还溅了她一身水。怀嬴发怒说："秦、晋匹也，何以卑我！"重耳听后吓得袒臂自囚赔罪。他倒不是尊重怀嬴本人，而是觉得对她的家族无礼了（《左传》僖公二十三年）。秦、晋的联姻从政治上讲，是为政权的发展兴旺而进行的，是为了诸侯国的利益；从家族上讲，是为了自身血统关系的高贵与长久不衰。不但诸侯国君这样，其他低层次的贵族也是如此。

到了中古时代，门当户对的等级婚在士族宗族中最为通行。知晓"杨家将演义"故事的读者可能会认为，潘、杨二姓是世仇，而事实上在晋代他们二姓还是世亲，是士族间门当户对通婚的典型，被人们称为"潘杨之睦"。这就是西晋荥阳中牟潘氏的家族与同郡宛陵杨氏家族的世亲联姻。文学家潘岳曾为故去的其妻兄（弟）之子杨仲武作诔文，文中说："既籍三叶世亲之恩，而子之姑，余之伉俪"（《昭明文选·杨仲武诔》）。"潘杨之睦"对中古社会有着不小影响。其他如南方的王、谢家族通婚，北方的崔、卢、李之间的联姻，也都是很有名的。由于这一时期高级士族毕竟是少数，同门第间所能选择的婚家并非很多，所以在社会上形成若干个比较稳定、长期的世亲联姻集团。这种世亲联姻集团不但在士族高门中流行，而且也存在于庶民低等级阶层。兵卒在当时是社会地位较低的阶层，东晋末太尉刘裕派王镇恶率军讨伐刘毅，两军之中有不少人都是中表亲，作战时竟然"且斗且共语"，拉起家常来（《宋书·王镇恶列传》）。可见士卒的婚姻圈不出其同类。社会士庶不婚的限制很严格，非等级的联姻，不但为政府明令禁止，也为舆论所不容。南朝东海士族王源把女儿嫁给富阳土豪满璋之的儿子满鸾，官僚沈约竟上奏表弹劾王源，建议朝廷将其撤职免官，禁锢终身。沈约的奏表说："王满连姻，实骇物听；潘杨之睦，有异于此"（《昭明文选·奏弹王源》）。从士族宗族自身的角度上说，如果高门士族的族人经常和低门第的士族联姻，也会使宗族社会地位下降，沦为三流士族，甚至被挤出士族行列。东晋人杨佺期是东汉太尉杨震的后代，是出自弘农华阳古老的名族，他自认为其家族的门第是没有人能与其相比的，但东晋统治集团中不少人瞧不起他，因为他的家族"婚宦失类"，不能保持和同门第的士族联姻，又做过被视为不是正统的少数民族政权的官，所以常常排挤他。东晋末与孙恩一起聚众起事的卢循的祖先本出自范阳士族，但至卢循时门户早已破落，其原因也是由于婚宦失类所致，卢循娶五斗米道世家孙恩的妹妹为妻，就说明他们的家族地位已相近了。史家说孙卢是"同类相求"（《晋书·卢循列传》），不但有宗教信仰的结合，也是门户趋于一致的婚姻结合。

　　士族制度废弛后，宗族制度民间化，绅衿宗族对于过去贵胄仕宦宗族的门第婚不再刻意讲求，而且在很多宗规家训中劝诫族人不要贪慕富贵，高攀门第。如《袁氏世范·睦亲》主张："男女议亲，不可贪其阀阅之高，资产之厚。"浦江义门的《郑氏规范》也规定："不可慕富贵，以亏择配之义。"大多数宗族认为两家联姻，应该女攀高而男就低，这样可使新妇在家恭持妇道。宗族不再要求族人婚姻重视对方门第，但有一条原则是不能改变的，这就是良贱不婚。虽然社会上有时讲门第，有时又不讲，但良贱的区别则是一直分明的，与贱民通婚会有损宗族的声望，这与宗族限制族人从事贱民职业的精神一样。清朝无锡人华泰的宗族有人将女儿嫁给奴仆的儿子为妻，他认为这是宗族的耻辱，出面干涉，花了很多钱，费了一年多的时间，终于破坏了这门婚事（《华氏传芳录·母舅贡士襄周毕公传》）。

（3）同姓不婚与中表结亲

古人对同姓近亲婚的危害认识较早，同姓不婚，是周朝人的传统，他们懂得"男女同姓，其生不蕃"的道理（《左传》僖公二十三年）。认识到血缘关系相近的男女结婚，生育的子女不易成长，或者残疾，造成家族人口不旺盛，因此禁止同姓结婚。周人传统为后代所遵从。北魏孝文帝推行汉化政策，其先声则是革除鲜卑族的落后婚姻习俗，禁止同姓为婚，"有犯者，以不道论"（《北史·魏高祖本纪》）。唐朝法律规定：同姓结亲，男女双方各判徒刑二年，若没有出五服，加重处分（《唐律疏议·户婚》）。人们对同姓不婚的认识也渐渐发展，因为同姓范围广，姓源也不一致，许多人同姓但不同宗，没有血缘上的联系，在理论上人们不能不承认同姓不婚的原则，而对同姓不同宗的婚配就要根据实际情况处理了。

禁止同姓通婚，迫使家族与异姓联姻，开展同其他宗族的联系，也是扩大宗族势力的一种方法。但这也产生了一个问题，就是异姓间的近亲婚，即中表亲的通婚。对它的危害，古人认识比较晚，禁忌也不严格。《国语》中有同姓虽远，男女不相及为婚，"异姓虽近，男女相及"的说法。古人经常赞扬的"秦晋之好"、"潘杨之睦"，既是政治婚、等级婚，也是两姓中表世亲婚，属于家族间的近亲婚。两汉时代中表亲十分盛行，有时近亲的范围还十分狭窄，甚至有汉惠帝娶亲外甥女（其姐鲁元公主之女）为皇后之事，此事是惠帝母亲吕太后做主，她为"重亲"（亲上加亲），硬结了这门婚事。考察汉代皇室婚姻，多有中表近亲结婚的情况。中古时期，两姓或几个世为姻亲的家族间近亲婚较多。中表婚的流行，除了有政治上的原因和扩大宗族势力的考虑外，也与婚姻地缘较窄有关。汉语中，"秦晋"与"秦越"二词意义正相反，前者表示亲近，而后者则是隔膜的意思。秦晋二国为近邻，而秦越之间就很少有通婚情况，因为两国地域遥远，一在西北，一在东南。白居易有《朱陈村》一诗，描绘徐州丰县一个只有朱、陈二姓的偏僻山村的世代通婚情况："一村唯两姓，世世为婚姻。亲疏居有族，少长游有群。黄鸡与白酒，欢会不隔旬。生者不远别，嫁娶先近邻"（《白氏长庆集》卷十）。闭塞的自然经济造成的封闭社会，使得婚姻选择只能在狭小的范围内进行。

魏晋时期人们已逐渐认识到中表近亲结婚的危害，到了北朝时期，政府开始从法律上禁止这种落后的婚俗。西魏大统年间诏令："禁中外及从母（姨母）兄弟姊妹为婚"（《北史·西魏文帝纪》）。北周武帝下诏："而娶妻买妾，有纳母氏之族，虽曰异宗，犹为混杂，自今以后，悉令改聘。"凡是母族，皆禁通婚。至周宣帝时又规定："母族绝服者，听婚。"出了五服的母族亲属，可以结婚，这使得婚姻的禁忌更为合理。至唐代。禁中表婚入于"户婚律"。不过，这种禁令执行起来并不严格，而且由于有亲表关系，会使得家中婆媳关系相对好处一些，民间往往对中表婚抱着津津乐道的欣赏态度，史书及文学作品中中表亲的事例很多。

五　宗族与地方社会

宗族是初级的社会组织。对于族人来说，它是个小社会，我们在前面一章讲了族人在宗族小社会的生活和所接受的教化。对于宗族自身来说，它同时又是外面大社会中的一个小群体，有自身的群体活动，在社会的政治、经济和文化生活中扮演着重要的角色。宗族在社区生活中有着重要的影响，在移民社会中又常发挥团结族人适应新居地的作用。宗族和国家政权也有着密不可分的关系。

宗族组织与基层政权

宗族的形成，离不开地缘因素，聚族而居是宗族组织成立的条件之一。宗族组织一俟建立后，又会反过来对地方社区生活产生影响。当宗族制度发达、宗族自身势力强大时，它会成为地方势力的代表；当宗族制度式微、自身力量软弱时，它又会作为一种自然的群体被纳入乡村生活的秩序中去。但无论强弱，宗族都与区域社会产生紧密的联系。

北魏时期，政府曾实行宗主督护制，将乡村政权与宗族长（宗主）的权力结合在一起。督护管军事，是州、郡、军府的僚属，为低级官吏，政府在承认宗主对宗族的治理权外，又任命他为政府基层官吏，协助州县长官治理地方。宗主本不属官员，也不是官府可任意任免的，此时宗主的族权与政权相结合，必然会引起宗主在地方的势力的增大。他们隐占户口，将其他姓氏的民户也置于自己的管理之下，获取利益，三五十家才立一户，政府无从向他们征税，影响到国家收入，所以后来废除了宗主督护制，改行三长制。三长制由政府直接任命党长、里长、邻长三长，取代宗主督护，以强化政府对地方的控制。当初实行宗主督护制，是政府对于宗族在地方强有力的势力给予一种认可，改行三长制乡村政权组织，宗族势力被削弱了，但这也是在宗族的基础上强化了政府的控制。北齐的三级乡村组织是10家为一比邻，50家为一闾里，100家为一族党。隋唐的基层制度则是五家为一保，五保为一闾（25家），四闾为一族（100家），分别设立保长、闾正（或里正）、族正（或党正）三长。"族"在乡村组织中是一级单位，这个"族"与宗族的族是同一称谓，虽然二者涵义并不完全一致，但这种乡村最基层单位的划分，应是以宗族范围为尺度的。北朝的"族"在以前的文献记载上早已有过，《周礼·地官·大司徒》说："令五家为比，使之相保；五比为闾，使之相爱；四闾为族，使之相葬；五族为党，使之相救。"虽然《周礼》所描绘的官制多带有后人赋予的理想色彩，但是也应有所依凭，不会是凭空想象出来的。古代商品经济不发达，尤其是中古、远古时期，人们移动空间不大，亲族聚居的现象比较普遍，所以政府很自然地将"族"拿来作为一种基层单位了。族闾制表明了宗族关系在社会中的重要性，社区社会几乎是宗族的社会。

到了唐宋以后，乡村基层政权与宗族的关系比以前疏远了。如北宋王安石推行的保甲制、元代的里社制、明代的里甲制，都没有了"族"这一级称谓。而这一时期又正是宗族组织民间化的时期，原来带有宗族关系外壳的一级行政单位反而被去掉了。表面上看，这两者之间似乎有些抵牾，但细究起来，实则不然。宋元以来的保甲等制度的推行，是因为社会上人口移动的增多，一个小区中众姓杂居现象普遍，血缘关系因素在行政区域的划分上已不是很重要了。宗族同什伍、保甲等组织成为两个事物。保甲里社制度的实行，表明宗亲关系与宗法势力对社区生活的影响比以前大大减弱了，但是宗族的自身特性与独立性却增强了，平民宗族的组织形式发达起来，成为乡村政权组织以外的民众性组织。中古以前族闾制的实行，说明宗亲关系与宗法势力在社区生活中的重要性，但并不表明它的组织形式发达。所以清朝人冯桂芬在《复宗法议》中还建议应将宗法与保甲两种组织形式重新结合起来，要"保甲为经，宗法为纬"，将民众编织在严密的统治网之中，以搞好地方的统治秩序（《显志堂稿》卷一一）。在冯桂芬之前的雍正、乾隆两朝曾实行族正制，族正由政府在宗族中指定尊长之人担任，协助政府维护地方社会秩序。但这种恢复族权与乡村政权结合的方法会增强宗族对社区的制驭能力，把握不好，不但政府不能有效控制宗族，反而会削弱政府的地方权力，所以后来又被政府废止了。不过，不管是中古以前的族闾制，还是宋元以来的保甲里社制的实行，都表明在乡村中始终保持着宗族的力量，它能影响到社区社会的秩序，是一种不可忽视的社会力量。

宗族与社区政治生活的密切关系，还通过政府的选官制度表现出来，这当然比上面提到的关系又高了一个层次。汉代实行举孝廉制度，魏晋南北朝设九品中正制，做官的人一般需要经过乡人与宗族的推荐，这种由地方推举做官的乡举制，多控制在一些有势力的大族尤其是士族宗族的手里。族权不一定明显地和基层政权结合在一起，但它可以通过左右选举制度来扩大自身在地方上的影响。隋唐时期，推行新的中央集权三省六部官僚制度体系，逐步废止了乡举制而改行科举制，选举不由乡里，官吏选用权从各地士族手中集中到了中央的吏部。士族子弟想做官，只能到京城求得发展或参加科举考试，这样便出现了"闾里无豪族，井邑无衣冠"（《通典·选举五》）的局面。士族在地方上的势力及影响大大削弱，它缺乏地方社会势力的根基，极容易衰落。不过，因为乡村地方政权组织自魏晋以来一直是与士族控制的乡举制结合在一起的，在士族败落过程中，原有的乡村社会秩序遭到破坏，新的中央集权官僚体系在地方的运作尚未完善。

在这种情况下,一度出现了中央政府的地方统治基础薄弱无力的问题,唐代中后期及五代时地方藩镇势力割据现象的出现,和这种变化是有一定联系的。

科举制发达以后,地方宗族势力对于官员的选举影响小了,但参加科举考试后获取功名的官员和绅衿,却可以通过科举制来提高自己在族内的地位,控制宗族,扩大自身在社区社会中的影响,官僚、绅衿宗族从而成为宗族组织的主要形式。官僚,尤其是绅衿便成为明清社会一个重要的社会阶层,他们在乡村生活中发挥着重要的作用。

宗族与外神信仰

宗族影响着社区生活,社会也给宗族生活带来不少影响,其中最主要表现在祭祀方面,即祭祀祖先神与其他神灵的矛盾。宗族内的祭祀以祖先神为主,但它只是一家一姓的。社区有众多的族姓,需要祭祀一些社区众人都信奉的神灵,如古老而又长久的土神"社"的祭祀。祭祀社神的日子称社日,分春、秋二社,社日这一天乡邻带着祭祀肉酒相聚在一起,热热闹闹。作为一种节日生活,这种活动也称"社",但已不是仅仅指土神,而是具有社会组织意义的"社"了。社日的集会称为"社会",我们现在常说的具有广泛含义的"社会"一词,便是由最初狭义的社日之会而来。这种社神祭祀与祖先神祭祀并不矛盾,但有些神灵的祭祀则与祖先神发生冲突。清朝常熟人陈祖范将人们祭祖和纪念各种神灵活动做了对比,认为人们对家族神的祭祀不如对外神那样热烈和虔敬,因为各种外神神灵的庆祝名目繁多,如出会、浴佛节、中元鬼节、观音节、地藏王节、药王节、老君节、玉皇节、吕祖节等,每当节庆的时候,举行各种形式的法会,进香表示尊敬,演戏以酬谢神灵,而且形成习俗,人们对此非常重视。陈祖范从比较中得出结论:人们"颇忽于祭先祖,恪于祭外神"(光绪《常昭合志稿》卷六)。清人倪赐也说到这件事,他说"祭先之礼,岁时不阙,第不如祭外神之诚恪耳"(《唐市志》卷上)。他说得比较准确,人们还是普遍祭祖,但不如祭神灵搞得那样上心和红火。陈、倪提到的上述外神祭祀,主要是佛、道的一些神灵。古代民众信仰的神灵很多,有些是地方土著神灵,但影响较普遍与较为长久的还是佛、道两教系统的神灵。家族祭祖主要是和它们产生矛盾,在信仰并存的过程中,互相争取民众。

历史上的儒佛之争中,儒家抨击佛家不尊敬祖宗,不讲孝道,实质上是代表了宗族势力同佛教作斗争,而佛教在它的中国化过程中也认识到这个问题的重要性,于是允许讲孝道,出现佛儒合流趋势。道家因是本土宗教,与宗族祭祖习惯矛盾小一些。寺观甚至提供祭祖的场所。宋明以来,民间祭祖祠堂发达,有一些祠堂最初还是从附设在佛寺道观中转化而来的。人们将祖先画像供奉在寺观中,并向寺观施舍土地或提供定期的香火钱,有些家族有财力,长年坚持,久而久之,受施的寺观就转成家族性质的祭祀场所了。一些出家的僧侣、道士也讲孝道,重视祭祖,因而出现了被政府表彰的"孝僧"。前面提到《红楼梦》里贾府的祭祖,宗子贾敬虽然出家到玄真观当了道士,但年终祭祠时,还是由他回府主祭,求仙与祭祖活动并行不悖。但他这种情况并不多见。不管怎么说,和尚、道士是出了家的,不能孝养父母和族尊,所以宗族与佛道的争执不可能消除,只好同时并存。在这种形势下,宗族虽然没有放弃反对神佛的努力,却也并没有多少效果。

元人的《郑氏规范》全面禁止族人从事祭祖、祭天以外的其他神灵崇拜活动,不许为儒家圣贤以外的人、神修建祠宇和参加礼拜,特别不准许妇女与僧道往来。宗族规定:子孙不得修造异端祠宇,妆塑土木形象;子孙不得惑于邪说,溺于淫祠,以邀福于鬼神;妇人亲族有做僧道的不许往来,等等。亲戚中的僧尼道姑都不得交往,族人更不许出家了。所以不少宗族都有成为僧道的族人不许进祠堂、入谱牒的族规。人们在丧事上有用僧道的习惯,请他们做法事,超度亡灵,这种现象还比较多见,但从宗族的角度是应该反对的。许多官僚学士临终遗言,不许丧葬用僧道,一切依宗法礼仪和儒家礼仪进行。明代姚氏家族《药言》规定:"丧事有吾儒家礼者,切不可用浮屠。"在家信佛的人,妇女比较多,吃斋供香,也较虔诚,或者是祈福还愿,或者是禳病求子。因此祠堂把规范对准女子,不许去庵堂寺院烧香礼佛及与三姑六婆往来。直隶南皮侯氏族约有一条是"勿许妇人入寺观",并解释其原因:"寺院乃僧道所居,众目共睹之地,轻薄少年于此窥探调笑，讥刺品题，甚至群相拥挤，不可名状，为父兄丈夫者切宜戒之"（《南皮侯氏族谱》）。这类规则，既有不许崇佛道的原因，也有"别内外"的含义，不许女子与外界接触，以保持贞洁、妇道。

祠堂反对外神崇拜的效果并不显著，但是始终保持了本身的祖先崇拜。一个家族成员既在家庙拜祖先，又在外拜神佛，这是宗族祭祖活动的不利因素。但纪念外神的法会是社区性活动，全社区的人都可能参与；而祭宗祠，只是一族人参加，规模上难与社区活动相比。况且族祭要肃穆，不热闹也不好看，人们的情绪也表现不出来，少数地方的宗族在祭祖时也举行演剧活动，但常被认为是祭祖不恭敬，而且一般宗族的财力也不允许。因而这样祭祖就不像祭外神那样吸引人了。

总之，祖先神祭祀与外神祭祀的比较，使我们看到，在这种竞争中，家祭不占优势，或者说处于某种劣势，宗族活动受到社区活动的挑战。尤其是在明清社会，社区中的公共生活与社区祭外神组织发达起来，宗族活动的影响削弱了，但是宗族仍以其特有的形式在进行活动，在社区生活中，它的力量仍是不可小觑的。

3 强宗豪族代表地方势力

历史上宗族对社区生活影响最大的，莫过于那些强宗豪族了，他们有些属于贵族、士族、官僚，也有不少是平民性质的。这种影响大大超出我们前面讲的一般意义上宗族与乡村政权结合的那种影响，它带来种种地方社会问题，如与其他小姓弱族的关系、地方治安问题，等等。所以政府对其非常重视，或采取压抑打击政策，或是加以利用引导。

汉朝建立以后，地方强宗豪族势力非常强大，其中有些强宗是自战国遗留下来的，如齐国的诸田氏，楚国的昭、屈、景诸姓。西汉政府为了巩固自己的统治，一般是采取迁徙和打击的政策，削弱强宗的势力。一方面将强宗从地方上迁到京城附近或皇家陵区，以便加以控制，另一方面不断派出酷吏到地方惩办诛杀为非作歹的强宗，摧抑他们的宗族势力。河北涿郡有高氏强宗，分居东西两地，号称东高氏和西高氏，相互呼应，称雄地方。高氏宾客做贼盗，有了官司就逃进高家躲藏，官吏不敢前去捕捉，他们说："宁负二千石（太守），无负豪大家。"当地治安混乱异常，人们出门时莫不张弓拔刀，以防不测。新任太守严延年到任后，立即遣人查清两高氏罪状，各诛杀数十人，郡中震惊，社会秩序大为好转。后来严延年又迁为河南太守，该郡"豪强胁息"，吓得连大气也不敢出。严延年专以摧抑强宗势力，强化地方治安为己任，豪强们送他"屠伯"的称号（《汉书·严延年传》）。像他这种"酷吏"，在汉代很常见。中央对于地方官员有"六条问事"的考核，其中第一条就是"强宗豪右，田宅逾制，以强凌弱，以众暴寡"（《汉书·百官公卿表》颜师古注引《汉官典职仪》）。政府要保持地方的安定，就要将宗族势力在地方的发展压制在一定的限度之内。不过政府与强宗的关系也不是总处于对立状态，有矛盾的时候，也有协调的时候，控制好了，还可以成为政府依靠的地方社会力量。

　　汉唐之间各地世家大族很多，他们有力量控制他们所在的社区，尤其在乱世之时，往往以其宗族为中心，构成相对独立的坞堡小社会，以度过战乱兵荒的劫难。如我们在"宗族的结构"一节中讲到的率宗党结寨自保的赵郡李元忠，率宗族及他姓附从进入徐无山的田畴等事例即是。这些坞堡小社会，依山据险，与外边乱世形成相对隔绝的"世外桃源"。陶渊明的《桃花源记》，正是对这种独立小社区一种理想的描绘。这是北方地区的情况。在南方相对安定的社会，一些强宗的世族势力又与政权紧密结合在一起，成为六朝政权依靠的社会力量，比较著名的如吴郡的朱、张、顾、陆四姓，会稽的虞、魏、孔、贺四姓。前者成为中央一级的士族，后者在会稽地区发挥着重要的影响。中古以后的情况变了。拥有长期政治特权与强大地方势力的大族几乎不存在了，再也不可能建立起统帅千百户宗人与附从人口的相对独立的坞堡式小社会，但在特定时期，宗族的社会力量仍发挥着重要作用。对此，顾炎武看得很明白，他说自五代以后，"大族高门，降为皂隶。靖康之变，无一家能相统帅以自保者。"同时他又注意到在明末农民战争中，强宗势力的作用在地方不可小觑，说："予尝历览山东、河北，自兵兴以来，州县之能不至于残破者，多得之豪姓大家之力，而不尽恃乎其长吏"（《顾亭林诗文集·裴村记》）。

4 宗族与地方社会问题

宗族内部房支间、族人间有着纠葛矛盾；同样，在宗族外部，生活在一个社区的众宗族之间的利害冲突也不会少；宗族与地方政府也有摩擦。这种种矛盾的激化，常以诉讼、械斗等形式表现出来，造成族姓间的不和，地方上的不安宁。政府对这些社会问题感到棘手头疼，重视处理解决。这种情况在明清地方社会更为突出一些。宗族组织民间化后，那种能左右地方带有政治特权的豪宗世族少了，因此，大是大非的政治问题少了，琐事杂情的社会问题多了。

生活在一个社区的各宗族的人，为各自扩大生活空间，占有生产资料，利用生产资源，不可避免地要发生联系和冲突。他们可能地界相连，坟山相近，使用同一河水，在一个集市上贸易，公用一个渡口，而大家都想占有某一块田、某一个墟市，早用水灌田。孩子们在一起玩耍，会你推我一下，我碰你一下，诸如此类，大大小小的事，若不能及时化解，日积月累，会结成世仇，打官司、打群架，以至于械斗。清朝浙江建德县有甲乙两姓，甲姓有祖坟田，族谱记载有埋葬人姓名和生卒年月日，但没有田契，而乙姓有这块坟山的田契。两姓打起官司，一个凭地契，一个据族谱。知县段光清不好断是非，因县里正在建八角亭要用钱，便让甲姓出钱300贯买田，但是以乙姓的名义捐给县上，竣工碑上给乙姓题名，使乙姓不担当卖祖产的恶名而又获得义举的好名声，同时发给甲姓祖坟地的田契，才算把事情化解（《镜湖自撰年谱》）。

打官司，表示宗族希望政府主持公道，解决宗族之间的争执，但许多宗族不相信政府，企图以自身的力量，通过械斗战胜对方。械斗的严重情形，清代福建汀漳龙道员张集馨在《道咸宦海见闻录》里就他于道光二十一年（1841）耳闻目睹的情景描述道：

> 漳州毗连粤省潮州、本省泉州，风气大略相仿，其俗专以械斗为强，而龙溪、漳浦、云霄三属为尤甚。大姓则立红旗，小姓则植白旗，掳人勒赎，纠众残杀，习以为常。此风起于明永乐年间，相寻干戈，至今愈烈。其先由于控诉到官，不能伸理，遂自相报，彼杀其父，此杀其兄，并迁怒杀其同社，以至结成不解之仇。订日互斗，大姓则合族相帮，小姓则合帮相助，本村壮丁不足，则于外间招募，总以必死为能。凡出斗者，妻孥喜笑相送，不望生还。或父子二人，父受大姓雇募，子受小姓雇募，及至临场，父子各忠所事，若不相识。每受雇者死一人，则雇主给洋银三十元，祠堂设立忠勇牌位，妻孥具有养赡。斗以金（鸣锣）进，以火退，呼噪一声，则枪声齐放。斗毕，两家计数死者若干，除相抵外，余再控官索偿。斗之时，营县（官军）不敢过问，若亲往阻挠，矢石立至，惟俟两姓收场后，差役前往收械斗费。近则斗者日穷，规费拖欠者多，不

能视为利薮。此真别有天地，王化所不及也！漳州城外不数里，即闻枪炮声，听其相斗而已。……若斗费不交，官则带差役千余人，前往洗庄，房屋树木，一概毁伐。

以上把械斗的起源、状况及官方态度都讲到了。

械斗的渊源，不能不说受上古血族复仇的影响，大约还因为南方多移民，有土客籍问题，容易激化宗族矛盾。至于宗族聚居，则是械斗发生的必不可缺的客观条件，以漳州讲，械斗最早发生在明初永乐年间。就全国讲，械斗盛行于清代，延续到民国以至20世纪下半叶的个别地方。械斗多发区在福建、广东，长江流域的其他省区也时有发生。与张集馨同时的黄爵滋在《饬查械斗情形及会首铳楼各款疏》中说，晋江石狮许氏、蔡氏，磁灶吴氏，前浦苏氏，惠安张坑张姓等宗族，"无日不斗，无斗不毙命"。其中1838～1840年就发生四次大规模械斗。

宗族械斗一般在两个异姓族氏间进行，但在闽粤的一些地方，扩大到一些宗族联合对付另外一些宗族。福建同安的一次械斗中，有所谓"齐会"与"包会"的战斗。包会是大姓的联会，内有李、陈、苏、庄、林数姓，称"包会"，意为能包办一切；齐会是小姓联合在一起，抵抗大姓，因为齐心合力，故称为"齐会"。闽浙总督派兵将两会的首领拿获，事情方告一段落（民国《同安县志》卷三）。

械斗后果严重，死伤人命，损害财物，血洗村庄，破坏生产，对宗族、家庭危害极大，同时造成社会动荡，影响地方安宁。政府更认为是"目无国宪"，藐视朝廷权威，不能不采取对策。有人因此要求强化保甲制，有人建议采用族正制，与此针锋相对的是要求削弱宗族公有经济，使它无力械斗。还有人提议制定械斗惩罚令，如道光二年（1822）刑部议奏惩办械斗章程。这些议论、法令收效并不大，械斗还是绵延不绝。

在宗族与社区、地方政府的关系中，一个个宗族常常考虑自身利益，与社区的其他社会成员争夺生活权益，从而影响地方的安定。政府考虑的是利用宗族治理一户户百姓，又不希望它制造纠纷——诉讼、械斗甚至抗官，影响治安。双方愿望有一致性，也有差异性，这就是政府对宗族的政策总在变化、调整、探讨的原因。

移民与宗族

（1）古代移民与宗族

安土重迁是古代人民的普遍心理，宗族尤重于此，对祖坟、祖居，即祖先生活的地方总有一种崇敬依恋之情。古代社会又是封闭的社会，长时期人们被固着在土地上，不得随意流动。不过，因战争、出仕、经商以及政府有组织的移民等原因，总会有一些人迁移到新居地，成为后来发展起来的宗族的始迁祖。在明清时的宗祠祭祖中，祭始迁祖是很重要的一项内容。

移民有自愿、被迫和受强制的不同。经商、出仕、从军属于自愿性质；作为充实京师或守皇陵、守边、垦荒的移民，是被强制离开家园的；谪迁者、战俘、发配的罪人，则被强制性更大；而躲避战祸、逃荒的移民，也是被迫迁徙的，并非出于本愿。迁民对后世人口的分布、社会生活影响很大。

在古代移民中，战乱和垦荒造成的迁民最多。在东汉末年、三国时期、西东晋之际、南北朝对峙、安史之乱和藩镇割据、唐末五代时期、北南宋之交、宋元之际、明末清初等战争年代，大量民众离乡出走。少数民族进入北方和中原后，北方汉人逐步南徙，渡过长江，逾越五岭，散布于湖南、江西、江苏、浙江、福建、广东等东南沿海、华南地区以及台湾。

唐代及以前，由于士族、豪族力量强大，宗族首领社会地位高，宗族的凝聚力强，当战乱和灾荒来临需要迁徙时，往往是全体宗族成员统一行动，移居到新的地点，依然聚族而居，保持宗族整体。宋代以来，在士族制消亡、宗族向民间化发展的同时，巨宗豪室衰微，首领权威下降，宗族制驭族人的能力削弱，因此在迁徙时，很少有携宗带室的统一行动，族人多是结成小群体或分散活动，因而到新居地后，没有同宗的人，或虽有但很少，需要经历很长时期族人繁衍到一定数量，才能凝聚成新的宗族。

在举族迁徙或宗族中相当一部分人共同迁移过程中，宗族作为组织者把族人聚集在一起，携带族谱，统一进退，互相帮助，迁移过程中保存了群体形式。族人到新地方后，仍有宗族组织以维护切身利益，建立新的根基。举族迁徙的宗族在重新定居之后,宗族有了新的特性:一是血缘关系趋向淡薄,往往对同地望、同姓氏的人表示亲近,甚至视为同宗。东晋南北朝时,北方迁到南方的士族,把后到的北方同姓人称为"骨肉",视为同宗,竭力帮助,否则将被认为"不义,不为乡里所容"(《宋书·王懿列传》)。二是强调同宗团结,同宗成员人际关系密切,以谋求在新居地的生存与发展。三是以族内名人为核心,团结族人,维护宗族,而不刻意讲究宗法。

宋以后,士族消亡,宗族作为政治力量大大削弱,遇有事变,已无力统率全族应变,所以靖康之变以后,举族迁徙非常少,一般情形是少数族人结伴逃亡,或一个家庭单独进行迁移。如果要有集体行动的话,则是由国家组织集体迁徙。流传于后世的南雄珠玑巷和洪洞大槐树的故事,分别生动地反映了这两种历史情形。

珠江三角洲的许多民众追溯其先祖,多称是由南雄珠玑巷迁徙而来,所说虽不一定完全是事实,但确有文献和口碑的根据。明末清初学者、广东番禺人屈大均在《广东新语》中说:"吾广故家望族,其先多从南雄珠玑巷而来。"又说其始祖屈禹勤"初从珠玑巷而至,族谱云,南屈珠玑实始迁"。说明包括他的家族在内的广东大族是由广东北部南雄珠玑巷往南迁徙而后定居的。按屈大均所讲,南雄居民原来居于中原,因宋室南迁而至南雄,后又南下分散于珠江三角洲。他的记载是关于珠玑巷迁民故事的一种说法。其他还有多种说法,大致是说南宋年间南雄府兴始县黄姓人得罪朝廷,连累街坊,将被朝廷剿灭,珠玑巷百姓在得到将被清洗的消息之后,向南避难,散布开来。关于珠玑巷居民迁徙的故事,反映宋代至明朝,北方人继续往长江以南流动,长江流域居民也往岭南迁移,几经周折,定居珠江三角洲。他们的迁徙,虽也有同宗结伴的情况,但以家庭为单位迁移的比较多。

在中国古代历史上,人口自北往南迁是大趋势,但由南向北,或在北方内部流动的也占有一定的比重。明朝初年政府移民充实中都凤阳和南北两京、河北、河南就是显例。在北方则有民谚:"问我祖先来何处,山西洪洞大槐树。"洪洞县在山西南部,属于迁出人民多的地区。明初政府移民,以地域范围进行组织迁移,与宗族没有关系,即使一个宗族的成员同时迁移到同一地方,也不是由宗族组织的。

非宗族组织的移民,由于同宗人口少,一时无法进行宗族活动。他们在新居地繁衍几代,人口增多,经济能力比初来时雄厚,在区域社会有了一定地位,甚至产生了有功名的族人后,于是便要求建立宗族并且也有了可能。广东南海九江朱氏自称是南宋间从南雄保昌迁徙而来,至明世宗嘉靖年间始建立宗祠,祭祀始祖,到神宗万历五年修纂族谱,编写人朱学懋为始迁祖的七世孙(《南海九江朱氏家谱》卷首)。修祠、纂谱的任何一项活动,都是宗族成立的标志,即宗人不再是一盘散沙,而是有了组织,南海朱氏在移徙一二百年间才使自身成为一种社会群体——宗族。

其他许多零散移民也多是如此。

（2）近代移民与宗族

从19世纪中叶的清代到20世纪20年代的民国初年，曾发生过多次移民到大陆以外的浪潮，如渡海移台、下南洋和欧美各洲。数以百万计的华人离开大陆，奔赴海外谋生。不过出洋的主要是闽、粤人，内地和北方人极少。

移民在海外，其生活环境和社会环境都发生了巨大变化，他们在与中国不同的政治、经济、文化背景下生活着。为求生存，他们要借助于群体力量，于是组织起来，而其组织形式，自然要利用熟悉的行会、会馆和宗族组织。但是在异国他乡，很难全部照搬，所以海外华人的宗族组织有其特异之处。近现代的宗亲会组织的建设，我们在前面已经讲过，这里只讲在它之前的移民初期的宗族活动。这些活动有家庙与祠堂的建设。《槟榔屿志略》记载，1891年时该地华人各姓有家庙，如林、杨、邱、李、谢、黄、王、胡、梁、陈诸族各建家庙。海外华人建设家庙需要金钱和人才，需要有威望的倡导者，建成不容易，至少要经过六七十年奋斗才能建设成功。在成员的吸收上，华人在海外，很难有血缘近亲的宗人聚居在一起，所以只要是同一姓氏之人，不管有无血缘关系，都看做是宗亲骨肉。后到的华人找同姓、认本家，企求先到者的帮助，以便找到住处，进而找职业，谋生存。所以海外华人的宗族是同姓氏者的组合体，是古代移民家族认同姓的延续和发展。建立家庙的旗号是怀念祖先，实行孝道。海外华人非常重视孝道与祭祀。宗族将家庙中的祭祀搞得隆重而虔诚。这种祭祖，是海外华人异于其他民族、种族的一个显著标志。正如1921年出版的《荷印百科全书》爪哇华人条目所说："虽然同土著居民杂居，但并没有同化。……祭祀祖先的风俗习惯是最牢固的"（转见林天知《三宝垄历史1416~1931》，李学民等译）。南洋华人还注意到了族谱的纂辑。修宗祠的家族往往会撰写族谱，有的家族没有条件作族谱，便用口碑方式传授家族谱系。佚名《南洋述遇》记载光绪间事，说在摩鹿加一小岛，遇到操华语、着番衣人群，自云系明朝皇室后裔，明末避难，遭风漂泊于此，已七世，凡生男子，必口授心传祖宗族谱，"不欲忘根本所自"。族谱是一种教育工具，是进行家族史教育不可缺少的。有些宗族还设立本族学校，培养子弟。教育内容以儒学为主，"子弟入学，训以诗书，教以孝悌，遵循孔孟之教"（蔡钧：《出洋琐记》）。

南洋华侨与祖国有千丝万缕的联系，像番禺人胡璇泽在新加坡经商，成为华侨领袖，颇具名望，于1877年被清朝任命为新加坡领事，日本、俄国、美国也聘他为该国驻新领事，他在家乡"捐巨款以建宗祠"（民国《番禺县续志·人物传》）。像这样的人自然会把中国宗族文化带到移居地，有条件时会建家庙、修族谱，开展宗亲活动。海外华人的宗族活动和国内宗法活动一脉相承，只是有其海外特色，宗族建立的数量比较少，吸收成员或多或少地忽视血缘因素。

南洋华人的宗族活动往往与地域性、行业性以及政治性团体活动掺和在一起。华人的常见团体是地域性的，即以原籍省、府、县为单位组成社团——会馆，开展活动。会馆或者称为公所、公会、公司、同方会，设立普遍，"南洋随地皆有会馆"（《槟榔屿志略》）。同乡比宗族范围广大，易于联络民众，所以地域性的会馆比宗族在海外发展得更快。宗族会往往是在会馆内别树一帜，把同姓的人再加以组织。近代南洋华人宗族活动受着条件的制约，不如同乡的地域团体发展快。

清朝时期，向台湾移居的民众很多。在移民前期，迁民与宗族的关系淡薄，只是在其社会生活中含有宗族活动的成分；而到移民后期，宗族团体出现较多，活动也相对频繁。

有的移民告别祖坟，离开家乡时，携带"公妈牌"，也就是已故父母的牌位，以便到新居地祭奠，还有的带着先人的骨骸。公妈牌、骨灵为日后宗族回忆族史和开展祭祀活动提供了物证，是组建宗族的重要因素。有的移民赴台一段时间之后，返乡祭祖，查阅族谱，参加本宗的一些活动。因在台无条件开展此项活动，以此进行弥补，以慰藉自身以及在台亲人的思念之情。但渡海不便，而且众人尊祖睦族的愿望非常强烈，他们要求在台湾建立宗族组织，祭祀先祖。于是一些祖籍相同又姓氏相同的人联合起来，凑钱添产，建置宗族组织，以便祭祀先祖。由于移民社会的特点，参加者虽同籍同姓，但不一定有血缘关系，而且单身为多。大家所祭祀的祖先不可能是组建这种宗族组织成员的较近祖先,因为大家不是来自同一个家族,不可能认同某些成员的祖先为祖先,所以要推尊大家都能认同的祖先,故而只有在古代的同姓氏名人之中选择一人,尊为始祖,以共同祭祀。这种始祖因年代久远,不会到过台湾,所以被称为"唐山祖"(唐山是唐代以后华侨、华裔对祖国的习惯称呼)。这种同籍、同姓但不一定同宗的人建立的宗族组织是融合型宗族,是最初迁居到新居地时的形态,它的血缘关系淡薄。随着定居世代久远,人口增多,于是有了房分制宗族,由有血缘关系的族亲组成。其来台祖先遗有产业,在分家时,以抽签方式留一份遗产作为祭祀公业,所祭祖先是迁居台湾者,因其为子孙开辟基业,被称为开台祖。早年带来的公妈牌及骨灵,便成了祭祀在台始迁祖的神牌及物证。台湾最初的移民社会中宗族的社会问题主要反映在械斗上,这与大陆的闽、粤情况差不多。20世纪下半叶,台湾出现了许多宗亲会组织,前面已经述及,在此不再赘述。

六　宗族文化的特点

宗族的历史漫长而又复杂，人们对它的认识很容易产生歧异，对它的性质和功能方面的见解尤难于统一。我们这本小书不可能对这些问题展开讨论，仅想就宗族文化谈一点看法，作为本书的结语。

古代宗族意识和实践形成的宗族文化，是我国传统文化的一个组成部分。在今天，一方面，它成为我们的一种思想包袱，背负起来有沉重感；另一方面，它又是中华民族统一意识的一种凝聚力，有着值得珍视的因素。说它是民族精神负担，是因为：

第一，古代宗族文化着力宣扬三纲五常的道德伦理和实践，而这恰是封建文化的基本内容。宗族制的基本观念是尊祖、敬宗、忠君、行孝、敬夫，即忠孝之道，这也正是封建国家对臣民的要求，换句话说，是封建国家通过宗族及其文化宣扬、贯彻其伦理思想。

第二，古代宗族文化是小团体主义的文化，具有闭塞乃至愚昧的某些特点。宗族是小群体，以祖先崇拜、"一本"观念团聚族人。它追求小团体荣誉，培养宗族人才以光宗耀祖，发展宗族势力，以图在社区取得较高地位。宗族因其血缘原则，产生排他性，此一族群与彼一族群时或发生冲突，严重的时候出现宗族械斗。古代宗族的小团体文化，产生于古代自然经济的封闭社会，人们囿于见闻，眼界狭小，难免以自我为中心，过分迷信自己的祖先，不免有些愚昧，这种状态，适合古代统治者实行愚民政策的需要。

第三，古代宗族文化禁锢、抹杀个性与人性。宗族的繁杂琐碎的规约，把族人的行动卡得死死的，将族人的思想限得死死的，不许有违背宗法思想的观念和行为，不许有个人的喜好、个人的意志和个人的事业。这样，人不是属于自身的，首先是属于家庭的、宗族的，其次是属于国家的。封建制度下文化的精神实质，就是否定人的个性，把人当作家庭、宗族和国家的工具，人的一生就是做孝子顺民，服从和附属于家长、族长及君主。宗族文化禁锢个性发展，是封建文化的专制主义性质的表现。

宗族文化这些消极因素，不利于社会的迅速发展，特别是我国封建专制统治时间长久，对文化影响深远，古代宗族文化作为专制主义文化的一部分，对后世有着诸多不良影响。比如家长制的观念和作风、任人唯亲、家族小团体利益至上等。这些在当今社会中都还有所表现，因此对它不容忽视，需要继续进行清理，消除其不良影响。

人世间的事物是复杂的，一个事物有着多面性，只看到一个方面，忽视其他方面，就不能正确认识它，对古代宗族文化也应当多方位地去观察，以避免片面性。它同其他事物一样，也是糟粕与精华共存，问题是要正确分辨它、认识它。今天看来，古代宗族文化仍有许多积极因素，需要传承和发扬。

第一，古代宗族文化对人生规范中的合理因素是人类社会规范的有益成分。一个社会要维持和延续，必须要有适合时宜的法律规范和社会规范，以便于人们遵守。社会规范是道德规范，由社会舆论所反映，其具体内容是关于个人修养及人际关系的行为规范。宗族规约有限制个性发展的内容，同时也有客观上维护社会公益的道德规范。比如，宗规要求族人睦族睦邻，与友人讲诚讲信，以处理好人际关系等。宗规处理人际关系的精神，是要求共事人双方互相尊重与忍让。如果人们崇奉这一原则，人际关系就会和谐，社会就能稳定。无疑，宗族文化中的互敬互让的人际关系原则是良好的社会关系准则。人类社会要持续下去，就不能没有这一类的规范。另外，宗族规约中还有注重保护自然的内容，如严禁砍伐坟山林木和禁止捕杀食用青蛙类生物等规定。这是古人模糊地认识到生态环境保护的重要，而这正是当今人类的世界性大课题，关系到人类的未来生存，宗族文化的这方面内容尤应珍视。古代宗族的社会规约，还有针对时弊的内容，当古代后期溺杀女婴、赌博、酗酒等社会病流行的时候，许多家族定出相应的禁约，不许族人沾染这些陋习。当近代鸦片烟毒泛滥之时，南北各地方的宗族适时地作出规定，严禁族人吸食贩卖。这些针对时弊的族规，反映了人们振作向上的精神。

第二，古代宗族文化对中华民族的认同作用。宗族文化固然有前述小团体主义的内涵，但因同尊君尽忠观念融为一体，故而又有大一统的中华民族思想因素。在古代，爱国与爱国君、爱王朝很难分开，人们把君主、王朝当作国家，使中华大一统观念深入人心，维护了中华民族的统一。宗族尊祖，因有同一祖先而形成认同观；各个宗族都认为自身是炎黄子孙，从而形成中华民族认同观。即使古代的少数民族，如在历史上有很大影响的匈奴、鲜卑，也莫不宣称为黄帝后裔，可见中华民族认同观的巨大力量。近代台湾的宗亲组织流行祀奉唐山祖、开台祖习俗，表明台湾居民对自己远祖的追溯与认同。炎黄成为中华民族的共同祖先，这一观念的深入人心，与宗族文化的传播大有关系。

第三，古代宗族文化对联系海外华人的价值。几千万华人散布在世界各地，他们多有水源木本之思，渴望了解故国乡情，有着寻根问祖的愿望。而当前国家实行改革开放政策，希望加强对外联系，联络华裔，引进外资和科学技术。国内与国外华裔两方面的结合势在必然。达成这一结合的因素很多，而宗族文化及其代表物——族谱与寻根，则为其中的一端。比如近几年来东南亚、加拿大等国家和地区华人来山西投资，探路的则是寻"太原王"之根，于是共祖把众人拉到了一起。这是宗族文化发挥作用的显例。

第四，宗族在其发展过程中对社会具有相当的适应性和调整能力。宗族由早先贵族的组织，过渡到明清以来的平民组织，它日益开放。对祖先的祭祀上也显示出其灵活性的特点，平民对始祖、远祖的祭祀，扩大了宗族成员的范围。宗族的互助经济，具有调节族内贫富分化、和谐人际关系的作用。宗族的管理者，从先秦的宗子制到近现代的宗亲会、理事会监事会制，其权力机构由族长一人专断走向族众集体参与管理。

宗族产生于古老封闭的自然经济社会，到现代开放的工业社会依然能够顽强地生存。宗族有它的局限性，特别是宋元以来对女性成员的排斥，但是宗族在发展过程中也表现出它的适应能力，它会随着社会的变迁而不断地调整自身的不足和问题，在历史的演变过程中表现出顽强的活力和生命力。

参考书目

1. 高达观:《中国家族社会之演变》,正中书局,1946。
2. 吕思勉:《中国制度史》,上海教育出版社,1985。
3. 毛汉光:《中国中古社会史论》,台北联经出版事业公司,1988。
4. 徐扬杰:《中国家族制度史》,人民出版社,1992。
5. 冯尔康等:《中国宗族社会》,浙江人民出版社,1994。
6. 冯尔康:《中国古代的宗族与祠堂》,商务印书馆,1996。

《中国史话》总目录

系列名	序号	书名	作者
物质文明系列（10种）	1	农业科技史话	李根蟠
	2	水利史话	郭松义
	3	蚕桑丝绸史话	刘克祥
	4	棉麻纺织史话	刘克祥
	5	火器史话	王育成
	6	造纸史话	张大伟　曹江红
	7	印刷史话	罗仲辉
	8	矿冶史话	唐际根
	9	医学史话	朱建平　黄　健
	10	计量史话	关增建
物化历史系列（28种）	11	长江史话	卫家雄　华林甫
	12	黄河史话	辛德勇
	13	运河史话	付崇兰
	14	长城史话	叶小燕
	15	城市史话	付崇兰
	16	七大古都史话	李遇春　陈良伟
	17	民居建筑史话	白云翔
	18	宫殿建筑史话	杨鸿勋
	19	故宫史话	姜舜源
	20	园林史话	杨鸿勋
	21	圆明园史话	吴伯娅
	22	石窟寺史话	常　青
	23	古塔史话	刘祚臣
	24	寺观史话	陈可畏

系列名	序号	书名	作者	
物化历史系列（28种）	25	陵寝史话	刘庆柱	李毓芳
	26	敦煌史话	杨宝玉	
	27	孔庙史话	曲英杰	
	28	甲骨文史话	张利军	
	29	金文史话	杜 勇	周宝宏
	30	石器史话	李宗山	
	31	石刻史话	赵 超	
	32	古玉史话	卢兆荫	
	33	青铜器史话	曹淑琴	殷玮璋
	34	简牍史话	王子今	赵宠亮
	35	陶瓷史话	谢端琚	马文宽
	36	玻璃器史话	安家瑶	
	37	家具史话	李宗山	
	38	文房四宝史话	李雪梅	安久亮
制度、名物与史事沿革系列（20种）	39	中国早期国家史话	王 和	
	40	中华民族史话	陈琳国	陈 群
	41	官制史话	谢保成	
	42	宰相史话	刘晖春	
	43	监察史话	王 正	
	44	科举史话	李尚英	
	45	状元史话	宋元强	
	46	学校史话	樊克政	
	47	书院史话	樊克政	
	48	赋役制度史话	徐东升	

系列名	序号	书名	作者
制度、名物与史事沿革系列（20种）	49	军制史话	刘昭祥　王晓卫
	50	兵器史话	杨毅　杨泓
	51	名战史话	黄朴民
	52	屯田史话	张印栋
	53	商业史话	吴慧
	54	货币史话	刘精诚　李祖德
	55	宫廷政治史话	任士英
	56	变法史话	王子今
	57	和亲史话	宋超
	58	海疆开发史话	安京
交通与交流系列（13种）	59	丝绸之路史话	孟凡人
	60	海上丝路史话	杜瑜
	61	漕运史话	江太新　苏金玉
	62	驿道史话	王子今
	63	旅行史话	黄石林
	64	航海史话	王杰　李宝民　王莉
	65	交通工具史话	郑若葵
	66	中西交流史话	张国刚
	67	满汉文化交流史话	定宜庄
	68	汉藏文化交流史话	刘忠
	69	蒙藏文化交流史话	丁守璞　杨恩洪
	70	中日文化交流史话	冯佐哲
	71	中国阿拉伯文化交流史话	宋岘

系列名	序号	书名	作者
思想学术系列（21种）	72	文明起源史话	杜金鹏　焦天龙
	73	汉字史话	郭小武
	74	天文学史话	冯时
	75	地理学史话	杜瑜
	76	儒家史话	孙开泰
	77	法家史话	孙开泰
	78	兵家史话	王晓卫
	79	玄学史话	张齐明
	80	道教史话	王卡
	81	佛教史话	魏道儒
	82	中国基督教史话	王美秀
	83	民间信仰史话	侯杰　王小蕾
	84	训诂学史话	周信炎
	85	帛书史话	陈松长
	86	四书五经史话	黄鸿春
	87	史学史话	谢保成
	88	哲学史话	谷方
	89	方志史话	卫家雄
	90	考古学史话	朱乃诚
	91	物理学史话	王冰
	92	地图史话	朱玲玲

系列名	序号	书名	作者
文学艺术系列（8种）	93	书法史话	朱守道
	94	绘画史话	李福顺
	95	诗歌史话	陶文鹏
	96	散文史话	郑永晓
	97	音韵史话	张惠英
	98	戏曲史话	王卫民
	99	小说史话	周中明　吴家荣
	100	杂技史话	崔乐泉
社会风俗系列（13种）	101	宗族史话	冯尔康　阎爱民
	102	家庭史话	张国刚
	103	婚姻史话	张　涛　项永琴
	104	礼俗史话	王贵民
	105	节俗史话	韩养民　郭兴文
	106	饮食史话	王仁湘
	107	饮茶史话	王仁湘　杨焕新
	108	饮酒史话	袁立泽
	109	服饰史话	赵连赏
	110	体育史话	崔乐泉
	111	养生史话	罗时铭
	112	收藏史话	李雪梅
	113	丧葬史话	张捷夫

系列名	序号	书名	作者	
近代政治史系列（28种）	114	鸦片战争史话	朱谐汉	
	115	太平天国史话	张远鹏	
	116	洋务运动史话	丁贤俊	
	117	甲午战争史话	寇伟	
	118	戊戌维新运动史话	刘悦斌	
	119	义和团史话	卞修跃	
	120	辛亥革命史话	张海鹏	邓红洲
	121	五四运动史话	常丕军	
	122	北洋政府史话	潘荣	魏又行
	123	国民政府史话	郑则民	
	124	十年内战史话	贾维	
	125	中华苏维埃史话	杨丽琼	刘强
	126	西安事变史话	李义彬	
	127	抗日战争史话	荣维木	
	128	陕甘宁边区政府史话	刘东社	刘全娥
	129	解放战争史话	朱宗震	汪朝光
	130	革命根据地史话	马洪武	王明生
	131	中国人民解放军史话	荣维木	
	132	宪政史话	徐辉琪	付建成
	133	工人运动史话	唐玉良	高爱娣
	134	农民运动史话	方之光	龚云
	135	青年运动史话	郭贵儒	
	136	妇女运动史话	刘红	刘光永
	137	土地改革史话	董志凯	陈廷煊
	138	买办史话	潘君祥	顾柏荣
	139	四大家族史话	江绍贞	
	140	汪伪政权史话	闻少华	
	141	伪满洲国史话	齐福霖	

系列名	序号	书名	作者
近代经济生活系列（17种）	142	人口史话	姜 涛
	143	禁烟史话	王宏斌
	144	海关史话	陈霞飞 蔡渭洲
	145	铁路史话	龚 云
	146	矿业史话	纪 辛
	147	航运史话	张后铨
	148	邮政史话	修晓波
	149	金融史话	陈争平
	150	通货膨胀史话	郑起东
	151	外债史话	陈争平
	152	商会史话	虞和平
	153	农业改进史话	章 楷
	154	民族工业发展史话	徐建生
	155	灾荒史话	刘仰东 夏明方
	156	流民史话	池子华
	157	秘密社会史话	刘才赋
	158	旗人史话	刘小萌
近代中外关系系列（13种）	159	西洋器物传入中国史话	隋元芬
	160	中外不平等条约史话	李育民
	161	开埠史话	杜 语
	162	教案史话	夏春涛
	163	中英关系史话	孙 庆

系列名	序号	书名	作者		
近代中外关系系列（13种）	164	中法关系史话	葛夫平		
	165	中德关系史话	杜继东		
	166	中日关系史话	王建朗		
	167	中美关系史话	陶文钊		
	168	中俄关系史话	薛衔天		
	169	中苏关系史话	黄纪莲		
	170	华侨史话	陈 民	任贵祥	
	171	华工史话	董丛林		
近代精神文化系列（18种）	172	政治思想史话	朱志敏		
	173	伦理道德史话	马 勇		
	174	启蒙思潮史话	彭平一		
	175	三民主义史话	贺 渊		
	176	社会主义思潮史话	张 武	张艳国	喻承久
	177	无政府主义思潮史话	汤庭芬		
	178	教育史话	朱从兵		
	179	大学史话	金以林		
	180	留学史话	刘志强	张学继	
	181	法制史话	李 力		
	182	报刊史话	李仲明		
	183	出版史话	刘俐娜		
	184	科学技术史话	姜 超		

系列名	序号	书名	作者
近代精神文化系列（18种）	185	翻译史话	王晓丹
	186	美术史话	龚产兴
	187	音乐史话	梁茂春
	188	电影史话	孙立峰
	189	话剧史话	梁淑安
近代区域文化系列（一种）	190	北京史话	果鸿孝
	191	上海史话	马学强　宋钻友
	192	天津史话	罗澍伟
	193	广州史话	张苹　张磊
	194	武汉史话	皮明庥　郑自来
	195	重庆史话	隗瀛涛　沈松平
	196	新疆史话	王建民
	197	西藏史话	徐志民
	198	香港史话	刘蜀永
	199	澳门史话	邓开颂　陆晓敏　杨仁飞
	200	台湾史话	程朝云

《中国史话》主要编辑
出版发行人

总 策 划	谢寿光	王　正	
执行策划	杨　群	徐思彦	宋月华
	梁艳玲	刘晖春	张国春
统　　筹	黄　丹	宋淑洁	
设计总监	孙元明		
市场推广	蔡继辉	刘德顺	李丽丽
责任印制	岳　阳		